三國人物與故事

倪世槐——著

讀《三國演義》，隨著書中人物與故事，時而欣喜，時而歡息，時而悲憤，時而敬慕無已；頁復一頁，都付《三國人物與故事》之中。

三民書局

國家圖書館出版品預行編目資料

三國人物與故事 / 倪世槐著. －－三版一刷. －－臺北
市: 三民, 2019
　　面；　公分

　　ISBN 978-957-14-6598-2　（平裝）

　　1.三國史 2.通俗史話

622.3　　　　　　　　　　　　　　　108003091

ⓒ　三國人物與故事

著 作 人	倪世槐
發 行 人	劉振強
著作財產權人	三民書局股份有限公司
發 行 所	三民書局股份有限公司
	地址　臺北市復興北路386號
	電話　(02)25006600
	郵撥帳號　0009998-5
門 市 部	（復北店）臺北市復興北路386號
	（重南店）臺北市重慶南路一段61號
出版日期	初版一刷　1970年6月
	三版一刷　2019年4月
編 　 號	S 780010

行政院新聞局登記證局版臺業字第〇二〇〇號

有著作權‧不准侵害

ISBN　978-957-14-6598-2　（平裝）

http://www.sanmin.com.tw　三民網路書店

三版說明

　　《三國演義》無疑是中國家喻戶曉的經典著作，尤其一般人對三國人物、歷史的印象，無不來自《演義》中的鮮明塑造。

　　本書中，作者系統性地整理並分析《三國演義》。在人物方面，從《演義》中人物的言論與行事，探究出人物的真正面貌，給讀者帶來不同且新穎的人物形象；在故事方面，《演義》的文字結構與情節安排，尤以赤壁之戰的描繪，最為精妙絕倫。在作者的解說下，帶領讀者再一次體會《三國演義》的精心安排。

　　茲逢再版之際，編輯部修訂了書中些許疏漏之處，並增加圖片，以使本書更加完善。誠摯邀請讀者，仔細品讀《三國人物與故事》，體會中國經典小說的精彩之處。

三民書局編輯部　謹誌

自序

　　猶憶童年初解文義，夏月置竹椅一張於廊下陰處，展讀《三國演義》，雖不免囫圇吞棗，但當時心情輒隨書中人物之言談、處心、行事與遭際，時而拊掌欣喜，時而掩口匿笑，時而疾首痛恨，時而廢書歎息，時而悲憤填胸，時而敬慕無已，自亦不知其所以。但頁復一頁，不知日之西沉，更渾然忘卻溽暑蒸人。直待家人呼食，方欠興而起，書中人物猶縈迴心懷。

　　迄全書讀罷，書中人物深印腦際。如某也奸險，某也忠義，某也勇猛，某也寬仁，某也慷慨激昂，某也貪生怕死，某也胸無謀略，某也神機妙算，歷歷如繪，竊喜頗有所得。

　　後年事既長，負笈遠方，繼又東西奔走，世事蹭蹬，時光蹉跎，無復把卷展讀，日久更不再憶及矣。

　　舊年春，偶又再讀《三國演義》。初僅事消遣，但展讀稍久，忽有所悟。覺昔年所得人物印象，類多隨展讀時之欣喜、匿笑、痛恨、歎息、悲憤與敬慕而鑄成；欣喜、匿笑、痛恨、歎息、悲憤與敬慕之間，孰輕孰重，未加判別，而彼此之間更未融會連貫。今日再讀，所得人物印象，頗異曩昔。向之僅獲

一面之印象者，今方得印象之全體，向之僅有籠統之印象者，今方得深刻之印象；而向之未有印象者，今方約略得之。昔年竊喜頗有所得者，不免自笑所見之淺。因憶張潮著《幽夢影》中論書與讀書：「少年讀書，如隙中窺月；中年讀書，如庭中望月；老年讀書，如臺上玩月。皆以閱歷之淺深，為所得之淺深耳。」深信讀書所得淺深，隨年事而異。

　　竊以世間讀《三國演義》者為數不少，老少兼有，或不乏與余具相同之經歷，因不揣鄙陋，將年來讀《三國演義》所得刊以問世，非以創新，亦聊伸拋磚引玉之意耳。

　　人物以外，昔年對於《演義》故事，更未著意。今日重讀，深覺《演義》作者於故事進展，人物介紹，煞費安排。因亦略事闡說，獻之同好，並就教於高明。

民國五十八年三月於臺北

三國人物與故事 contents

三版說明

自　序

上篇　人物

緒　言　　　　　　　　　　　　　　　　　　2

煮酒論英雄——劉玄德　　　　　　　　　　　5

一代奸雄曹孟德——兼論董卓與司馬懿　　　　28

守成人物孫仲謀——兼論曹丕　　　　　　　　46

一代完人諸葛孔明　　　　　　　　　　　　　54

雄姿英發周公瑾　　　　　　　　　　　　　　67

寬仁長者魯子敬？　　　　　　　　77

好漢陳公臺　　　　　　　　　　　87

天真高傲關雲長　　　　　　　　　93

小淘氣張翼德　　　　　　　　　104

福將趙子龍？　　　　　　　　　115

生不逢辰姜伯約　　　　　　　　124

女傑貂蟬　　　　　　　　　　　130

謀士群像　　　　　　　　　　　142

說　客　　　　　　　　　　　　168

下篇　故事

緒　言　　　　　　　　　　　　188

漢壽亭侯五關斬六將　　　　　　190

吳國太佛寺看新郎　　　　　　　201

張松獻圖　　　　　　　　　　　210

古城會　　　　　　　　　　　　222

孟德獻刀　　　　　　　　　　　227

孔明出山　　　　　　　　　　　231

赤壁之戰　　　　　　　　　　　253

上篇

人物

緒 言

　　《三國演義》中人物頗多，其中頗有若干，其言談，處心，行事與遭際頗為獨特。《三國演義》作者對這些人物，類多有直接批評，或正面敘述其言談，處心，行事與遭際。一般讀《三國演義》者多不免受作者直接批評或正面敘述的影響，形成對人物的印象。因此常易忽略直接批評或正面敘述以外的文字，這些文字如果加以收集分析，很可能使讀者對某一人物得到更為客觀或更為突出的印象。譬如關雲長，《演義》作者說他是具天神之威，氣度超凡，肝膽照人，義重如山的人。讀者受此影響，心目中的關雲長是一個令人肅然起敬的人。這個印象，不能說錯。因為《演義》裏關雲長的言談，處心，行事與遭際，確給人這樣的一個印象。但這個印象不是客觀的，而且也不是重要的一面。如果在作者的直接批評或正面敘述之外，對有關關雲長的一切言談，處心，行事與遭際加以分析以後，將會得到另一個更突出的印象，那便是關雲長是一個既天真而又高傲的人。可是關雲長之天真和高傲的這一面，《演義》作者並未直接批評或正面敘述，而要讀者自己發掘出來。

　　又如諸葛孔明，讀者從作者筆下所得的印象是一個胸藏機

謀，腹謫韜略，奇計用兵，嚴法治國，能言善辯，謹慎治事，上知天文，下知地理，且能呼風喚雨，巧造木牛流馬的了不起的人物。這個印象，絕對正確。但讀者對諸葛孔明的印象如僅止於此，則實在很對不起歷史上的諸葛孔明。因為如果將《演義》裏有關孔明的一切敘述，加以分析融會以後，孔明之偉大教後世低徊往復者，不在其機謀韜略等等，而在其抱著一種明知其不可為而為之，繼以鞠躬盡瘁死而後已的精神。這種精神再加上他的機謀韜略等等才使他成為一代完人。

有些人物，讀者從《演義》作者所得的印象，極為正確。譬如曹操，讀者對他的印象是一代奸雄。即使將《演義》裏有關曹操的一切敘述加以分析融會以後，所得的曹操印象還是一個一代奸雄，但在分析融會以前，曹操之為奸雄是籠統的；分析融會以後，造成他所以為奸雄的狠、詐、拔扈之處，他如何用人，以及奸雄以外的一面，都得到輪廓，亦即對他之為一代奸雄，更有深刻的認識。再者，曹操是奸雄，董卓，司馬懿亦是奸雄。是一樣呢？還是有所不同？不同在那裏？這些都需將所有有關的敘述分析融會以後，方可獲得結論。

《三國演義》裏有些人物，《演義》作者未有直接批評或正面敘述，因此一般讀者對這些人物往往沒有印象，或僅有模糊

　　的印象。譬如陳宮，很多讀者說不出他究竟是怎樣的人物。但如讀者將所有有關陳宮的敘述分析以後，將自然得到陳宮是一個明乎去就、取捨和生死的好漢的印象。

　　三國時代有很多謀士和說客，粗看都似乎是很了不起的人物。但仔細分析以後，這些謀士和說客，智能不同，品類不齊，一個不同一個，一個有一個獨特之處。

　　本文即根據上述程序，將所有有關某一人物的文字加以分析融會，然後鑄成某一人物的印象。

煮酒論英雄——劉玄德

《三國演義》第廿一回敘說曹操請玄德來到相府後園小亭中飲酒賞梅。

酒至半酣，忽陰雲漠漠，驟雨將至。從人遙指天外龍挂，操與玄德憑欄觀之。操曰：「使君知龍之變化否？」玄德曰：「未知其詳。」操曰：「龍能大能小，能升能隱；大則興雲吐霧，小則隱芥藏形，升則飛騰於宇宙之間，隱則潛伏於波濤之內。方今春深，龍乘時變化，猶人得志而縱橫四海。龍之為物，可比世之英雄。玄德久歷四方，必知當世英雄。請試指言之。」

玄德列舉袁術、袁紹、劉表、孫策、劉璋、張繡、張魯、韓遂等輩。但在曹操眼中，袁術是塚中枯骨；袁紹色厲膽薄，好謀無斷；劉表徒有虛名；孫策僅藉父之名；劉璋是守戶之犬；至於張繡、張魯、韓遂均是碌碌之人，均未許為英雄。

曹操與劉備煮酒論英雄

以龍比英雄，只是種意會，並未具體說明英雄究竟是何等人物。所以後來曹操更加以闡明：

夫英雄者，胸懷大志，腹有良謀；有包藏宇宙之機，吞吐
天地之志者也。

前兩句字義明白，後兩句則隱晦微妙，可以意會而不能言傳。這樣的人物在當時是誰呢？

操以手指玄德，後自指曰：「今天下英雄，惟使君與操耳」。

三國當時風雲人物，屈指難數，可是曹操只許玄德和他自己為英雄。曹操當時身為相國，大權在握，自許為英雄，尚可說得過去。玄德只是當時兵敗路窮（敗於呂布），寄食相府，一副可憐相。曹操不以袁術，袁紹，劉表，孫策等風雲人物為英雄，而獨對窮途潦倒的劉玄德指為英雄，究竟是曹操對玄德當面戴高帽子呢？還是玄德真是所謂英雄？按說曹操要對玄德當面奉承，當時無此必要，那末曹操究竟何所見而云然呢？

玄德隨曹操入許都隨朝趨走以前，未有什麼了不起的功業

（僅有破黃巾賊之功），也未有什麼威望。這點曹操當然知之甚明。但在此之外（玄德生得兩耳垂肩，雙手過膝，目能自顧其耳，想不致會使曹操許為英雄，因為曹操不是星相家），玄德為人行事，總有些與眾不同之處，這些不同之處有教曹操心折。

　　劉關張桃園三結義，玄德贏得了關張兩人的傾心愛戴，肝膽相照。三人在一起，簡直是如影隨形，寸步不離。三國時代人與人相處，除他們三人外，其他尚未見到有這樣親密深厚的程度，此其一。

　　三國時代的風雲人物，對己多少有些自命不凡，對人不免頤指氣使。可是玄德待人接物，非常謙遜（除了有一次劉表請他赴宴，酒後失言「備若有基業，天下碌碌之輩，誠不足慮也」），即使是對貪狼如豺豹的呂布也是如此。呂布敗於曹操，走頭無路，來投玄德：

……玄德曰：「布乃當今英勇之士，可出迎之。」糜竺曰：「呂布乃虎狼之徒，不可收留；收則傷人矣。」玄德曰：「前者非布襲兗州，怎解此郡（徐州）

劉　備

之禍（曹操報父仇興師來伐徐州）？今彼窮而投我，豈有他
心？」

……布曰：「……今投使君，共圖大事，未審尊意如何？」

玄德曰：「陶使君新逝，無人管領徐州，因令備權攝州事。
今幸將軍至此，合當相讓。」遂將牌印送與呂布，呂布卻
待要接，……

　　呂布為感謝劉玄德收留，回請玄德，並令妻孥出拜，玄德
再三謙讓。

　　呂布曰：「賢弟不必推讓。」一聲賢弟惱了翼德，要來和呂
布鬥三百合，經力阻方罷。可是這一來呂布無法在徐州安心，
要投別處。

玄德曰：「將軍若去，某罪大矣。劣弟冒犯，另日當令陪
話。近邑小沛，乃備昔日屯兵之處，將軍不嫌淺狹，權且
歇馬，如何？糧差軍需，謹當應付。」

　　此其二。

　　可是恐怕最教曹操心折，也許教曹操對玄德莫測高深的，

是玄德之三讓徐州。

　　陶謙因為年老多病，無心政事。當初曹操為報父仇來襲徐州，麋竺請來了玄德相助，陶謙見玄德頗堪勝任，即欲以徐州相讓。

　　玄德離席再拜曰：「劉備雖漢朝苗裔，功微德薄，為平原相，猶恐不稱職；今為大義，故來相助；公出此言，莫非疑劉備有吞併之心耶？若有此念，皇天不佑！」

　　第二次，退了曹操之後，陶謙設宴相謝。席中又提出要讓徐州，麋竺、孔融勸說，玄德只是不肯。

　　陶謙泣下曰：「君若捨我而去，吾死不瞑目矣！」

　　玄德仍是不肯，不得已陶謙後來請玄德先在近邑小沛屯軍，以保徐州，玄德算是勉強接受了。
　　第三次，也是最後一次，陶謙病重，著人來請玄德商議軍務。

　　謙曰：「請玄德公來，不為別事；止因老夫病已危篤，朝夕

難保；萬望明公可憐漢家城池為重，受取徐州牌印，老夫死
亦瞑目矣！」玄德曰：「君有二子，何不傳之？」謙曰：「長
子商、次子應，其才皆不堪重任。老夫死後，猶望明公教
誨，切勿令掌州事。」玄德曰：「備一身安能當此重任？」

陶謙舉孫乾、糜竺輔助玄德，但：

玄德終是推託，陶謙以手指心而死。眾軍舉哀畢，即捧牌
印，交送玄德。玄德固辭。次日，徐州百姓，擁擠府前，
拜哭曰：「劉使君若不領此郡，我等皆不能安生矣！」關、
張二公亦再三相勸。玄德乃許權領徐州事。

玄德度德量力，自審不堪領徐州牧，且亦不願攘人之基業，
故在陶謙生前，始終推讓，直到陶謙以手指心而死，徐州不得
不有人暫管，方許權領徐州事。在玄德是出於存心，但在曹操
看來，好像並不如此簡單，這裏面一定是欲取先予，以退為進，
最後領了徐州，還教所有的人心服。真所謂有包藏宇宙之機，
吞吐天地之志的樣子，有些教曹操對玄德一時掂不出斤量來。
所以後來曹操見雨前龍掛，想到龍之為物，而聯想到英雄，最

後道出「今天下英雄，惟使君與操耳」。

　　曹操可謂慧眼識英雄，因為後來玄德離了曹操之後，玄德許多行事為人，確有教人不得不讚一聲「玄德乃真英雄也」之處。且看：

　　玄德在徐州被曹操所敗，一路狼狽逃竄，過漢江時，在河灘上稍息：

　　玄德歎曰：「諸君皆有王佐之才，不幸跟隨劉備。備之命窘，累及諸君。今日身無立錐，誠恐有誤諸君。君等何不棄備而投明主，以取功名乎？」

　　這可能是真的慨歎之辭，但也可能是要試一試眾人的態度，或者更進一步說邀將不如激將。但有一點，玄德不過分看重自己，則是真的。

　　玄德有一匹馬叫做的盧。玄德見劉表稱讚此馬，就送給他。但蒯越善相馬，告訴劉表說，此馬眼下有淚槽，額邊生白點，騎則妨主。劉表聽了，次日即還玄德。伊籍將這翻經過告訴了玄德。

玄德曰：「深感先生見愛。但凡人死生有命，豈馬所能妨哉？」

劉表心胸就沒有這樣開朗。

玄德剛剛躍馬（的盧）過檀溪，逃了蔡瑁的暗算：

迤邐望南漳，策馬而行，日將沉西。正行之間，見一牧童跨於牛背上，口吹短笛而來，玄德歎曰：「吾不如也！」遂立馬觀之。

普通急功好利之徒，假如幸而逃過劫難，自己方慶幸之不暇，那有心情來觀賞一個牧童跨牛背吹短笛。玄德自與這些人有迴然不同之處。誰知後來玄德一生事業，都繫在這立馬觀牧童吹笛呢！（由牧童得識司馬徽，輾轉而識徐庶、孔明和龐統。）

單福（徐庶）想試一試玄德為人如何，於是告訴玄德的盧馬終必妨一主，但可以禳之。

「公意中有仇怨之人，可將此馬賜之；待妨過了此人，然後乘之，自然無事。」玄德聞言變色曰：「公初至此，不教

吾以正道，便教作利己妨人之事，備不敢聞教。」

　　這一席話教徐庶放了心。

　　後來曹操騙取徐庶母親筆跡，冒徐母作書，喚徐庶回許都，徐庶哭告玄德要回許都。

　　孫乾密謂玄德曰：「元直天下奇才，久在新野，盡知我軍中虛實。今若使歸曹操，必然重用，我其危矣。主公宜苦留之，切勿放去。操見元直不去，必斬其母。元直知母死，必為母報讎，力攻曹操也。」玄德曰：「不可。使人殺其母，而吾用其子，不仁也。留之不使去，以絕其母子之道，不義也。吾寧死，不為不仁不義之事。」

　　孫乾的看法，只是庸俗之見。誠如司馬徽所說：「元直不去，其母尚存，今若去，母必死矣。」（徐母羞見其子事操而自殺。）可是母雖存而母子分離，玄德不願出此。可能出自玄德內心，則玄德可謂仁者。可能玄德想到若苦留徐庶不去，將見徐庶終日以淚洗面，雖有用庶之名，而無用庶之實，則曹操所謂有包藏宇宙之機，庶幾近之。

　　包藏宇宙之機，這六個字難以言語具體說明，只是最低限
度，應以不違背天道為要著。不違背天道，亦可說是仁者之心。
由來所稱英雄，類多以百姓為芻狗，只顧自己利益，不將百姓
生死放在心上。玄德獨對此不然。所以玄德一在漢水河灘上教
諸將自投明主以取功名，再則不因的盧妨主而設法祈禳，三則
不苦留徐庶致教他母子分離。但是仁者宅心的玄德，這一類的
行事最教人讚歎的是棄新野攜民渡江的一幕：

　　……令孫乾、簡雍，在城中聲揚曰：「今曹兵將至，孤城不
　　可久守，百姓願隨者便同過江。」兩縣之民，齊聲大呼曰：
　　「我等雖死，亦願隨使君！」即日號泣而行。扶老攜幼，
　　將男帶女，滾滾渡河，兩岸哭聲不絕。玄德於船上望見，
　　大慟曰：「為吾一人而使百姓遭此大難，吾何生哉！」欲投
　　江而死，左右急救止。聞者莫不痛哭。

　　好不容易行至襄陽，並且有魏延殺了守門將士，開了城門，
叫玄德入城。可是不巧半路裏殺出文聘，不教玄德入城，魏延
就和文聘兩下裏幹了起來，在城邊混殺，喊聲大震。

玄德曰：「本欲保民，反害民也！吾不願入襄陽。」

三國時代誰曾這樣來過？

臨到這種情形，絕不是假仁假義的作為。因為今日不入襄陽，今夜就不知道在何處安身。後來：

……忽哨馬報說：「曹操大軍已屯樊城，使人收拾船筏，即日渡江趕來也。」眾將皆曰：「江陵要地，足可拒守。今擁民眾數萬，日行十餘里，似此幾時得至江陵？倘曹兵到，如何迎敵？不如暫棄百姓先行為上。」玄德泣曰：「舉大事者必以人為本。今人歸我，奈何棄之？」

……正行間，忽然一陣狂風在馬前刮起，塵土沖天，平遮紅日。玄德驚曰：「此何兆也？」簡雍頗明陰陽，袖占一課，失驚曰：「此大凶之兆也，應在今夜，主公可速棄百姓而走。」玄德曰：「百姓從新野相隨至此，吾安忍棄之？」

當夜宿在當陽，半夜裏操兵掩至，勢不可當，玄德死戰。

……玄德大哭曰：「十數萬生靈，皆因戀我，遭此大難；諸

　　　將及老小皆不知存亡，雖土木之人，寧不悲乎！」

　　敗軍之際，倉皇逃遁，尚念念不忘隨行百姓，「奈何棄之」、「安忍棄之」，這可以泣鬼神而鑒神明，世倘有英雄而不顧百姓者，那只是竊英雄之名，行鼠竊之實耳，有沾辱英雄二字。

　　但玄德之堪稱為英雄，應該說是玄德請諸葛孔明出山以後更加顯了出來。好花需綠葉相襯，英雄要有良相相彰。可惜以後曹操不能再與玄德碰頭，否則曹操將會以手指玄德復自指曰：「今天下英雄，確惟使君與操耳」。

　　玄德三顧茅廬，這點與其說比當時其他風雲人物禮數周到，毋寧說玄德有自知之明。要有包藏宇宙之機，吞吐天地之志，第一步先要有自知之明。玄德之三讓徐州是玄德有自知之明最好的證明。他知道自己實力如何，所以他不想在有足夠實力之前，管領徐州。同樣他知道自己謀略有限，手下更一無謀士。好不容易剛有了一個徐庶，卻教曹操賺了去，求才心切。所以當徐庶臨走回馬薦諸葛，以及前數次聽了司馬徽言詞，知道孔明非等閒之輩，所以親自走訪臥龍岡。一次不遇，再去第二次，第二次不遇，再去第三次。也許是湊巧，也許是孔明要試試玄德，不過無論怎樣，玄德是去了三次，顯得他頗有禮賢下士的

風度。

英雄除了自知之外，尚應知人。《三國演義》中，明敘玄德之知人的僅有白帝城臨終時對孔明說馬謖言過其實，不可大用的一段話，此外未有敘說。但細讀《演義》全文，玄德是知人最深的一個。

玄德第三次上臥龍岡，初見孔明，孔明在草堂上分析天下大勢的一席話，對玄德來說，確是「先生之言，頓開茅塞，使備如撥雲霧而覩青天」，教玄德對孔明有了認識，到後來有對關張二人說「吾得孔明，猶魚之得水也」之語。事實上玄德知人，不僅是對孔明如此，其他對關張趙雲，也是如此。否則桃園三結義，未免兒戲，而公孫瓚手下猛將不少，玄德獨商借趙雲，也是因為玄德知趙雲是何等人物，後來玄德被曹操所敗，妻子失散，趙雲單槍匹馬，終於救了出來，可是當初糜芳見趙雲奔向曹操方向，以為他投了曹操。張飛也是這樣想。獨有玄德說：「子龍從我於患難，心如鐵石，非富貴所能動搖也。子龍此去，必有事故，我料子龍必不棄我也。」這是知人之言。

也許知人並不太難，難在知人而又能用人。玄德之堪稱為英雄，應當歸之於他的知人而又能用人，而對於孔明為尤然。

孔明自離臥龍岡之後，玄德言聽計從。這並不是一種形式，

應說是玄德知孔明深，所以用之亦深，不像曹操又用人同時又防人也。

　　玄德自敗走漢津以後，曹操盡收荊州投降之眾，連同兗青二州人馬，馬步水軍共計八十三萬，詐稱一百萬，連營三百里，遣使馳檄江東，請孫權會獵於江夏，共擒玄德，分荊州之地。孫權慌了，派魯肅以弔喪（劉表之喪）為名，來江夏說玄德共破曹操。一方面是孫權需要玄德幫忙，另一方面玄德鑒於曹操勢大，急難抵敵，也想投靠東吳，只是無人牽線，魯肅來到，恰是時機。且看玄德於此際如何用孔明：

　　……孔明曰：「然則魯肅之來，非為弔喪，乃來探聽軍情也。」遂謂玄德曰：「魯肅至，若問曹操動靜，主公只推不知。再三問時，主公只說可問諸葛亮。」

　　問諸葛亮又是如何？玄德並未問下去，因為玄德深知孔明已有良計，無需再問。魯肅見了玄德後，魯肅就問：

　　「……近聞皇叔與曹操會戰，必知彼虛實，敢問操軍約有幾何？」玄德曰：「備兵微將寡，一聞操至即走，竟不知彼

虛實。」魯肅曰:「聞皇叔用諸葛孔明之謀,兩場火燒得曹操魂亡膽落,何言不知耶?」玄德曰:「除非問孔明,便知其詳。」肅曰:「孔明安在?願求一見。」

魯肅見了孔明:

問曰:「向慕先生才德,未得拜晤;今幸相遇,願聞目今安危之事。」孔明曰:「曹操奸計,亮已盡知;但恨力未及,故且避之。」肅曰:「皇叔今將止於此乎?」孔明曰:「使君與蒼梧太守吳臣有舊,將往投之。」肅曰:「吳臣糧少兵微,不能自保,焉能容人?」孔明曰:「吳臣處雖不足久居,今且暫依之,別有良圖。」肅曰:「孫將軍虎踞六郡,兵精糧足,又極敬賢禮士,江東英雄,多歸附之,今為君計,莫若遣心腹往結東吳,以共圖大事。」孔明曰:「劉使君與孫將軍自來無舊,恐虛費詞說。且別無心腹之人可使。」肅曰:「先生令兄,現為江東參謀,日望與先生相見。肅不才,願與公同見孫將軍,共議大事。」

魯肅最後著了孔明道兒,扁舟東去,說得孫權決心與玄德

合力破操，教曹操八十三萬人馬，來有途，去無路。如不是玄德知人而又能用人，說詞之際，恐怕早被魯肅聽了出來，不會有孫劉合作，三國歷史恐怕亦將改寫了。

　　玄德之信任孔明，可說是到了忘了自己的安危，赤壁之戰，玄德襲取荊州，魯肅來討，卻不曾討回去。恰好此時歿了甘夫人，周瑜以美人計，要賺劉備來東吳，加以軟禁，要討荊州換劉備，特教呂範來作大媒。

　　孔明曰：「來意亮已知道了。適間卜易得一大吉大利之兆。主公便可應允。先教孫乾和呂範回見吳侯。面許已定，擇日便去就親。」玄德曰：「周瑜定計欲害劉備，豈可以輕身入危險之地？」孔明大笑曰：「周瑜雖能用計，豈能出諸葛亮之料乎？略用小謀，使周瑜半籌不展；吳侯之妹，又屬主公；荊州萬無一失。」玄德懷疑未決。孔明竟教孫乾往江南說合親事。

　　玄德最初雖懷疑不敢前往，但後來還是去了。玄德雖身蹈虎穴，但心裏確信孔明別有妙計，妥為安排，不致去得回不得。後來經孔明事先定了三個錦囊妙計，趙雲依計行事，果然不但

帶回了孫夫人，而且荊州仍確保如舊。假如玄德不聽孔明之計，以後的三國歷史又將改寫了。

　　後來魯肅又奉命來討荊州：

……玄德曰：「何以答之？」孔明曰：「若肅提起荊州之事，主公便放聲大哭。哭到悲切之處，亮自出來解勸。」……肅曰：「今奉吳侯鈞命，專為荊州一事而來。皇叔已借住多時，未蒙見還。今既兩家結親，當看親情面上，早早交付。」玄德聞言，掩面大哭。肅驚曰：「皇叔何故如此？」玄德哭聲不絕。孔明從屏後出曰：「亮聽之久矣。子敬知吾主哭的緣故麼？」肅曰：「某實不知。」孔明曰：「有何難見？當初我主人借荊州時，許下取得西川便還。仔細想來，益州劉璋，是我主人之弟，一般都是漢朝骨肉，若要興兵去取他城池時，恐被外人唾罵；若要不取，還了荊州，何處安身？若不還時，於尊舅面上又不好看。事出兩難，因此淚出痛腸。」孔明說罷，觸動玄德衷腸，真個搥胸頓足，放聲大哭。魯肅勸曰：「皇叔且休煩惱，且與孔明從長計議。」孔明曰：「有煩子敬，回見吳侯，勿惜一言之勞，將此煩惱情節，懇告吳侯，再容幾時。」肅曰：「倘吳侯不

從,如之奈何?」孔明曰:「吳侯既以親妹聘嫁皇叔,安得
不從乎?望子敬善言回覆。」魯肅是個寬仁長者,見玄德
如此哀痛,只得應允。玄德孔明拜謝。

　　魯肅雖然應允了,但見了周瑜之後,卻變了卦。周瑜想用
假途滅虢之計,來取荊州,仍教魯肅來回見玄德,請玄德於吳
軍過荊州時,支應錢糧,並出來勞軍。玄德聽了孔明安排,一
口應承。周瑜以為中計,盡起東吳軍馬來襲荊州,卻不料在荊
州城下,被孔明所遣四路軍馬掩殺,一氣之下,真欲去取西川,
卻教孔明一封信催了命。討回荊州,更不知何日了。

　　玄德雖仍暫借荊州,可是基業未立,終如浮萍樣東飄西蕩,
遑論復興漢室。所以玄德後來之決計進取西川,可說是玄德一
生功業的轉捩點。但玄德之進取西川,因為孔明在未出山前,
已經說過:

「……益州險塞,沃野千里,天府之國,高祖因之以成帝
業。今劉璋闇弱,民殷國富,而不知存恤!智能之士,思
得明君。將軍既帝室之冑,信義著於四海,總攬英雄,思
賢如渴,若跨有荊、益,保其巖阻,西和諸戎,南撫彝越,

外結孫權，內修政理；待天下有變，則命一上將，將荊州
之兵，以向宛洛；將軍身率益州之眾，以出秦川，百姓有
不簞食壺漿以迎將軍者乎？誠如是，則大業可成，漢室可
興矣。此亮所以為將軍謀者也，唯將軍圖之。」

　　後來張松，法正之先後由西川來到，時機漸形成熟，復經
龐統解說，於是決計西上。軍臨涪江，劉璋亦由成都親來迎迓。
二劉見了面，彼此都互相欽佩。一個說：「真仁義之人也！」一
個說：「季玉真誠實人也！」似乎玄德進西川，到此為止，不再
有進一步的發展。可是龐統、法正要急於成事，先是建議設宴
請劉璋來赴席，於壁衣中埋伏刀斧手，就筵上殺之。玄德不同
意，「吾初到蜀中，恩信未立」。後來次日筵中，龐統又與法正
商議後，教魏延登堂舞劍，這邊張任也上來同舞，更後劉封、
劉璝、冷苞、鄧賢等都上來同舞，直似鴻門宴，幸虧玄德掣劍
喝止，不然劉璋恐怕要遇害了。慌亂之間，玄德亦不一定安全。
由這裏可以看出玄德對於調兵遣將，攻守殺伐之事，都信任謀
士建議，而對於國家大計政策，如筵上殺劉璋，胸中自有主張，
對他所主張不合者，決不同意。而他所主張者，似包藏宇宙之
機，吞吐天地之志。

　　玄德後來於進入成都後，聞曹操晉位為魏王，經孔明等勸說後，不得已亦晉位為漢中王。可是曹丕篡漢，天下無君，孔明與許靖、譙周商議後，欲尊漢中王為帝。由孔明引大小百官上表，玄德覽表大驚。

　　「卿等欲陷孤為不忠不義之人耶？」孔明奏曰：「非也。曹丕篡漢自立，主上乃漢室苗裔，理合繼統以延漢祀。」漢中王勃然變色曰：「孤豈效逆賊所為！」拂袖而起，入於後宮。眾官皆散。三日後，孔明又引眾官入朝，請漢中王出，眾皆拜伏於前。許靖奏曰：「今漢天子已被曹丕所弒。主上不即帝位，興師討逆，不得為忠義也。今天下無不欲主上為君，為孝愍皇帝雪恨；若不從臣等所議，是失民望矣。」漢中王曰：「孤雖是景帝之孫，並未有德澤以布於民；今一旦自立為帝，與篡竊何異？」孔明苦勸數次，漢中王堅執不從。

　　玄德只是存心想興漢室，對於佔領城池，以至名位，均非所注重，所以先是三讓徐州，後來是過荊州而不入，再後是謙辭漢中王。至於即帝位自立，更是從未轉過這個念頭。所以雖

有孔明苦勸，只是堅執不從。因為有包藏宇宙之機和吞吐天地之志者，不必據有天下。而據有天下者，未必便有包藏宇宙之機和吞吐天地之志的。

玄德對孔明，可謂言聽計從。換言之，玄德對孔明，可謂知之而又能用之。可是英雄必竟是人，人究竟不免有短處，玄德亦未能例外。玄德對孔明，知人而不能用之，只有一回，就是替關雲長報仇，興師伐吳。可是這一回是致命的一回，不但教蜀漢元氣喪盡，而且玄德自己亦因此喪命。這對玄德言，可說是白璧之瑕。

玄德自悉雲長父子遇害，即昏絕於地，後來又見關興號慟而來，「一日哭絕三五次，三日水漿不進，只是痛哭；淚濕衣襟，斑斑成血。孔明與眾官再三勸解。」但玄德說：「孤與東吳，誓不同日月也！」「吾今即提兵問罪於吳，以雪吾恨！」

玄德自即位後，次日設朝，即明告百官：「朕自桃園與關張結義，誓同生死；不幸二弟雲長，被東吳孫權所害。若不報讎，是負盟也。朕欲起傾國之兵，剪伐東吳，生擒逆賊，以雪此恨！」雖經趙雲諫阻，玄德仍是不從，下令起兵伐吳。後來孔明又引百官來諫：

「陛下初登寶位，若欲北討漢賊，以伸大義於天下，方可
親統六師；若只欲伐吳，命一上將統軍伐之，可也，何必
親勞聖駕？」

　　玄德經孔明苦諫，心中稍回，可是後來張飛來到，一經哭
訴，又決定要起兵伐吳。這一決定，雖有秦宓死諫，也無法勸阻。
到頭來陸遜火燒連營七百里，玄德奔白帝城，情勢不可收拾。
　　玄德臨終對孔明所說幾句話：

「朕自得丞相，幸成帝業；何期智識淺陋，不納丞相之言，
自取其敗，悔恨成疾，死在旦夕。嗣子孱弱，不得不以大
事相託。」

　　到此關頭，玄德尚能自悔自恨。除了玄德，誰肯認錯？後
來幾句心腹之言：

「君才十倍曹丕，必能安邦定國，終定大事。若嗣子可輔，
則輔之；如其不才，君可自為成都之主。」

這不啻迫孔明說出：

「臣安敢不竭股肱之力，盡忠貞之節，繼之以死乎！」

可是除了玄德，有誰在臨終前說這樣的話呢！這才是所謂包藏宇宙之機，吞吐天地之志。不必據天下為己有，但使安邦定國，終定大事，則何必一定由我。我死之後，嗣子可輔則輔之，嗣子如不才，由他人來完成亦是一樣。玄德之堪稱為英雄，其在斯乎？

一代奸雄曹孟德——兼論董卓與司馬懿

三國奸雄，前有董卓，中有曹操，後有司馬懿。論奸險的程度，董卓不如曹操，曹操不如司馬懿。

董卓好比一頭猛虎。一旦從檻裏放出，就到處噬人。他噬人只憑直覺，並無預謀。漢少帝、何太后之被弒；丁管、伍孚、周瑟、伍瓊、張溫之被殺；楊彪、黃琬、荀爽之被黜；還有數千洛陽富戶以及不知道多少的百姓軍士之被害，都是董卓心血來潮的結果。碰到他噬不了的，如丁原、袁紹等，也就算了。

董卓之奸，奸在專做些企圖篡奪的表面文章，如廢少帝，遷都長安等。這些表面文章，曹操是要到時機成熟纔肯做的。

一頭猛虎，碰到獵人圍獵時，他就躲到窩裏去了。董卓亦然。曹操矯詔討董卓，各路英雄會師汜水關，呂布應戰不利，逃入關內。董卓一看情形不對，就聽李儒之言，奔回洛陽去了。

對付猛虎，不可以力勝，只可以智取。王司徒略施連環小計（故事見〈女傑貂蟬〉篇），董卓就上了圈套。他要用呂布，要靠他來取天下，卻不肯將貂蟬割愛，不肯將李肅升遷，終至假父子反臉，李肅倒戈，受禪詔變做催命符，他卻還對呂布說：「吾登九五，汝當總督天下兵馬。」終至殿前伏誅，至死還不

明白，垂手可得的天下寶位，何以
一霎眼就煙消雲散。

　　董卓之為奸雄，凶暴有餘，而
奸險不足。所以來得快，完得也快。

　　曹操可謂三國時一代奸雄，其
奸險的程度，董卓實在望塵莫及。

　　曹操矯詔討董卓，登高一呼，
不管真討賊也好，假討賊也好，至
少他個人的聲望為之提高。

　　曹操發跡是在青州破黃巾餘
逆，招降軍士三十萬人，自此威名

董　卓

日重，實力也日強。有了基礎之後，他便招賢納士，使勢力更
益擴張。荀彧、荀攸、程昱、郭嘉、劉曄、滿寵、呂虔、毛玠
之徒，均於此時被曹操羅致。這就比董卓高明得多了。董卓始
終只有李儒和李肅二人，他並不想再行羅致。

　　曹操不但肯招賢納士，而且招納之後，對謀士們所貢獻意
見，必擇其善者而行之。如最初獻帝車駕已還洛陽，荀彧就勸曹
操奉天子以從眾望，則晉文、漢高之業，不難再繼，否則別人捷
足先登，事情就不同了。曹操從荀彧之言，果然增加了聲勢。

曹操

遷都許都，是董昭的建議，「諸將人殊意異，未必服從。今若留此，恐有不便，惟移駕幸許都為上策。……明告大臣，以京師無糧，欲車駕幸許都，近魯陽，轉運糧食，庶無欠缺懸隔之憂。大臣聞之，當欣從也。」曹操即從董昭之言，移駕許都，從此他就挾天子以號令諸侯了。

曹操對於一心來投效的人，固然肯予招納。就是對暫為敵人，或可能為敵的人，亦同樣招納。最顯著的例子，便是劉玄德被呂布擊敗追逼，最後無法來投時，荀彧勸他及早圖之，免生後患，這和周瑜對孔明是一樣的看法。可是曹操只同意郭嘉的看法：「……主公興義兵，為百姓除暴，惟仗信義以招俊傑，猶懼其不來也；今玄德素有英雄之名，以困窮而來投，若殺之，是害賢也。天下智謀之士，聞而自疑，將裹足不前，主公與誰定天下乎？夫除一人之患，以阻四海之望，安危之機，不可不察。」

曹操不但招納這些人，而且對他所敬佩的人，他更想進一步以恩結之，使心甘情願的為他所用。最顯著的例子便是對雲長：三日一小宴，五日一大宴，上馬提金，下馬提銀。等到雲

長掛印封金離去時，又走馬相送，贈袍贈金。換了另一個人，恐怕真的被他感動而不走了。

曹操於論功過行賞罰之際，往往賞多於罰。舉例說，夏侯惇所領青州兵，乘曹操被張繡擊敗之際，乘機下鄉，劫掠民家！于禁將本部軍於半路剿殺。青州兵走回，泣告曹操，言于禁造反，趕殺青州軍馬（青州軍馬是曹操基本兵力）。于禁見張繡兵大，卻先立寨，以作準備，然後俟機再事分辯。幸虧因他先立寨，將張繡追兵殺退。曹操問明情形之後，就重加賞賜，而僅治夏侯惇以治兵不嚴之過。

其次，如孔明出山以後，第一次用火攻計，殺敗了夏侯惇。因為夏侯惇不聽于禁勸告，在山路狹窄，遍地蘆葦之地，孤軍深入，致遭火攻。夏侯惇敗回許昌，自縛見曹操，曹操釋之，而對於于禁則重賞之。在曹操以恩結人，賞重罰輕之下，所以徐晃、張遼、典韋、曹洪之徒，都願意用命。

曹操也頗有雅量。他用許攸之計決漳河取得冀州。許攸得意忘形之餘，在城門口，「以鞭指城門而呼操曰：『阿瞞，汝不得我，安得入此門？』操大笑。」曹操只是笑笑。其次，如任雲長斬將過關而去，不予報復或追究，也顯得他頗有雅量。但明眼人知道他是裝出來的。

　　曹操和劉玄德煮酒論英雄，談言微中。在長江戰艦上因感江山如畫，而江南未平，不無感慨，因對諸將說：

　　「吾自起義兵以來，與國家除兇去害，誓願掃清四海，削平天下；所未得者江南也。今吾有百萬雄師，更賴諸公用命，何患不成功耶？收服江南之後，天下無事，與諸公共享富貴，以樂太平。……吾今年五十四矣。如得江南，竊有所喜。昔日喬公與吾至契，吾知其二女皆有國色。後不料為孫策、周瑜所娶。吾今新構銅雀臺於漳水之上，如得江南，當娶二喬，置之臺上，以娛暮年，吾願足矣。」

　　幾杯酒下肚，心裏上解除了警戒，拋卻奸雄面目，向他的熟人吐露私衷。

　　可是當曹操清醒的時候，他畢竟是一代奸雄。曹操之為奸雄，第一是在於他的狠。他的狠處見之於在呂伯奢莊上誤殺七八人後，再誘殺伯奢。陳宮與他同逃，見了大驚。

　　「適纔誤耳，今何為也？」操曰：「伯奢到家，見殺死多人，安肯干休？若率眾來追，必遭其禍矣。」宮曰：「知而

故殺，大不義也！」操曰：「寧教我負天下人，休教天下人
負我。」

「寧教我負天下人，休教天下人負我。」這是心狠的人作法。

和所有奸雄一樣，到了某個時機，他就顯出拔扈的樣子出
來。許田打圍：

操就討天子寶雕弓、金鈚箭，扣滿一射，正中鹿背，倒於
草中。群臣將校，見了金鈚箭，只道天子射中，都踴躍向
帝呼萬歲。曹操縱馬直出，遮於天子之前以迎受之。眾皆
失色。

這是一次。另一次，董承奉獻帝衣帶詔誅操，事機不密，
被曹操所知。同謀的人尚有太醫吉平。曹操詐患頭痛，賺到吉
平，卻請王子服等主謀人赴宴。酒行數巡後：

（操）曰：「筵中無可為樂，我有一人，可為眾官醒酒。」
教二十個獄卒「與吾牽來！」須臾，只見一長枷釘著吉平，
拖至階下。……操教先打一頓，昏絕於地，以水噴面。……

操教一面打，一面噴。平並無求饒之意。

次日，曹操又來董承家探病，又教獄卒推吉平至階下。

操指謂承曰：「此人曾攀下王子服等四人，吾已拏下廷尉。尚有一人，未曾捉獲。」因問平曰：「誰使汝來藥我？可速招出！」平曰：「天使我來殺逆賊！」操怒教打。身上無容刑之處。……操又問平曰：「你原有十指，今如何只有九指？」平曰：「嚼以為誓，誓殺國賊！」操教取刀來，就階下截去其九指，曰：「一發截了，教你為誓。」平曰：「尚有口可以吞賊，有舌可以罵賊！」操令割其舌。平曰：「且勿動手。吾今熬刑不過，只得供招。可釋吾縛。」操曰：「釋之何礙？」遂命解其縛。平起身望闕拜曰：「臣不能為國家除賊，乃天數也！」拜畢，撞階而死。操令分其肢體號令。

曹操殺了董承等五人，並其全家老小，共七百餘人。怒氣未消，又帶劍入宮，來弒董貴妃。

曹操帶劍入宮弒董貴妃

當日帝在後宮,正與伏皇后私論董承之事,至今尚無音耗。
忽見曹操帶劍入宮,面有怒容,帝大驚失色。操曰:「董承
謀反,陛下知否?」帝曰:「董卓已誅矣!」操大聲曰:
「不是董卓,是董承。」帝戰慄曰:「朕實不知。」操曰:
「忘了破指修詔耶?」帝不能答。操叱武士擒董妃至。帝
告曰:「董妃有五月身孕,望丞相見憐。」操曰:「若非天
敗,吾已被害。豈得復留此女,為吾後患?」伏后告曰:
「貶於冷宮,待分娩了,殺之未遲。」操曰:「欲留此逆
種,為母報讎乎?」董妃泣告曰:「乞全屍而死,勿令彰
露。」操令取白練至面前。帝泣謂妃曰:「卿於九泉之下,

勿怨朕躬！」言訖，淚下如雨。伏后亦大哭。操怒曰：「猶作兒女態耶？」叱武士牽出，勒死於宮門之外。

這和當初董卓之弒何太后，如出一轍。幾年以後，伏皇后亦被曹操所弒。這又是一次。

幾年以後，耿紀、韋晃，以及太醫吉平的兒子吉邈、吉穆，又合謀於元宵節放火殺入許都，再至鄴郡擒曹操。事機不密，又被曹操滅了。除將幾家老小宗族斬了，並將百官解赴鄴郡。

曹操於教場立紅旗於左，白旗於右，下令曰：「耿紀、韋晃等造反，放火焚許都，汝等亦有出救火者，亦有閉門不出者。如曾救火者，可立於紅旗之下；如不曾救火者，可立於白旗之下。」眾官自思救火者必無罪，於是多奔紅旗之下。三停內只有一停立於白旗之下。操教盡拏立於紅旗下者。眾官各言無罪。操曰：「汝當時之心，非是救火，實欲助賊耳。」盡命牽出漳河邊斬之，死者三百餘員。其立於白旗下者，盡皆賞賜，仍令還許都。

這又是一次。

　　曹操為培植自己的勢力，招賢納士。但對那些擁有虛望，言語頂撞的人，卻不惜辱之或殺之，暴露了奸雄本來面目。曹操之辱禰衡為鼓吏，便是一例。此外如辱張松，忌楊修（後藉故殺之）以及殺孔融均是。奸雄雅量，大都非出自衷心。等到被人挖到短處，他就不得不丟了假面具，露出真相來。

　　奸雄之另一特徵是詐。作戰之時，兩陣對峙，兵不厭詐，尚又可說。等到對自己人也要用詐時，只有奸雄纔做得出來。

　　曹操攻袁術，十七萬大軍，糧食不濟。雖向孫策借得十萬斛，仍不敷支應。管糧官王垕入告曹操：

「兵多糧少，當如之何？」操曰：「可將小斛散之，權且救一時之急。」垕曰：「兵士倘怨，如何？」操曰：「吾自有策。」垕依命，以小斛分散。操暗使人各寨探聽，無不嗟怨，皆言丞相欺眾。操乃密召王垕入曰：「吾欲問汝借一物，以壓眾心，汝必勿吝。」垕曰：「丞相欲用何物？」操曰：「欲借汝頭以示眾耳。」垕大驚曰：「某實無罪。」操曰：「吾亦知汝無罪；但不殺汝，軍心變矣。汝死後，汝妻子吾自養之，汝勿慮也。」垕再欲言時，操早呼刀斧手推出門外，一刀斬訖，懸頭高竿，出榜曉示曰：「王垕故行小

斛,盜竊官糧,謹按軍法。」於是眾怨始解。

　　明教人可以如此,而後反其道加人以罪,以達其企圖,這是奸雄的作風。

　　曹操行軍,號令軍士不得踐踏麥田,而他自己因所乘馬驚起一鳩,致馬眼生,竄入麥中,踐壞一大塊麥田。

　　操隨呼行軍主簿,擬議自己踐麥之罪。主簿曰:「丞相豈可議罪?」操曰:「吾自制法,吾自犯之,何以服眾?」即掣所佩之劍欲自刎。眾急救住。郭嘉曰:「古者《春秋》之義,法不加於尊。丞相總統大軍,豈可自戕?」操沉吟良久,乃曰:「既《春秋》有法不加於尊之義,吾姑免死。」乃以劍割自己之髮,擲於地曰:「割髮權代首。」使人以髮傳示三軍曰:「丞相踐麥,本當斬首號令,今割髮以代。」於是三軍悚然,無不懍遵軍令。

　　他自己作法犯法,卻裝腔作勢,要別人說出一番他自己可以不必斬首的道理來,然後割了些不疼不癢的頭髮以代,詐術之深,董卓無法望其項背。

曹操夜睡，恐人行刺，嘗分付左右：

「吾夢中好殺人；凡吾睡著，汝等切勿近前。」一日，晝
寢帳中，落被於地。一近侍慌取覆蓋。操躍起拔劍斬之，
復上牀睡；半晌而起，佯驚問：「何人殺吾近侍？」眾以實
對。操痛哭，命厚葬之。人皆以為操果夢中殺人。

無怪楊修要說：「丞相非在夢中，君乃在夢中耳！」

董卓一聞詔命，說是漢帝將禪位，巴不得就要登上九五之
尊。曹操在這些處所要比董卓聰明得多，但也可以說奸詐得多。
孫權上書曹操，請他早正大位。

操觀畢大笑，出示群臣曰：「是兒欲使吾居爐火上耶！」侍
中陳群等奏曰：「漢室久已衰微，殿下功德巍巍，生靈仰
望。今孫權稱臣歸命，此天人之應，異氣齊聲。殿下宜應
天順人，早正大位。」操笑曰：「吾事漢多年，雖有功德及
民，然位至於王，名爵已極，何敢更有他望？苟天命在孤，
孤為周文王矣。」

這和董卓對呂布所說:「吾登九五,汝當總督天下兵馬」,只是五十步笑百步而已。

曹操後因造建始殿,欲取大梨樹為材,觸怒梨樹神,感疾而死。臨終前遺命於彰德府講武城外,設立疑塚七十二。如非奸雄,何必設疑塚。

曹操一代奸雄,他好比一條狼,狠,詐,跋扈,殘暴集於一身。他也想篡奪,但卻怕自己是一條狼,不夠威風,不敢爬上去。

假如董卓是一頭虎,曹操是一條狼,那末司馬懿是一條蛇了。蛇的特徵是陰險。

司馬懿在曹操活的時候,官止於主簿,並無什麼聲望。司馬懿也曾獻計,大多未被採納,即被採納,亦未有何功績。一次,曹操於平了漢中,降了張魯之後,司馬懿曾進言:

「劉備以詐力取劉璋,蜀人尚未歸心。今主公已得漢中,益州震動。可速進兵攻之,勢必瓦解。知者貴於乘時,時不可失也。」曹操歎曰:「人苦不知足,既得隴,復望蜀耶?」

　　澆了司馬懿一頭冷水。另一次，
玄德進位漢中王之後，修表一道，
差人齎赴許都，曹操覽表大怒，欲
盡起傾國之兵，赴兩川與玄德決雌
雄。這時司馬懿進言：

司馬懿

「大王不可因一時之怒，親勞
車駕遠征。臣有一計，不須張
弓隻箭，令劉備在蜀自受其禍；待其兵衰力盡，只須一將
往征之，便可成功。」……「江東孫權以妹嫁劉備，而又
乘間竊取回去；劉備又據占荊州不還；彼此俱存切齒之恨。
今可差一舌辯之士，齎書往說孫權，使興兵取荊州，劉備
必發兩川之兵以救荊州。那時大王興兵去取漢川，令劉備
首尾不能相救，勢必危矣。」

　　這一次曹操用了他的計。可是他的計只前一半發生作用（孫
權派呂蒙襲取荊州），後一半卻反而促成曹操的死亡（雲長敗走
麥城，被吳軍所擒，不屈遇害。孫權將雲長首級轉送曹操，以
圖嫁禍。曹操見了雲長首級，因而感疾最後不治死亡）。雖然司

馬懿獻計教刻一木香之軀以配雲長首級，並葬以大臣之禮，但卻無法像他所說的可教曹操興兵去取漢川。

司馬懿對曹操既無若何功績，奇怪的是曹操臨終囑以後事的除曹洪、陳群、賈詡外，還有司馬懿。曹洪是本家，且幾次救了曹操的命。陳群是大臣，曾請曹操早正大位。賈詡是曹操當時最紅的謀士。可是司馬懿不親不故，居然也擠了上去，教人有些對奸雄行徑險不可測之感。

曹丕篡漢之後，司馬懿想邀曹丕重用，藉此慢慢提高自己聲望和地位。就在玄德歿後不久，曹丕欲起兵入川之際，獻五路大兵圍攻之計（一路西羌兵，二路孟獲兵，三路孫權兵，四路孟達兵，五路曹真兵），以取西川；卻不料被孔明輕易地一一退去，毫無功績，終曹丕七年在位之期，司馬懿毫無成就。於是一旦曹丕去世，曹叡即位，司馬懿便上表乞守西涼，培養實力，以待機會。

到此為止，司馬懿一直未露出奸雄本相，可是明智之士，早就看出司馬懿的心跡。所以當孔明施展反間計，散佈流言，張貼榜文時，曹叡倣漢高祖偽遊雲夢故事，率軍直趨西涼，司馬懿措手不及，大驚失色，雖經解釋，但無法得曹叡諒解，終於削職回鄉。

　　假如司馬懿從此隱居田里，享其餘年，則也許無人真知其為奸雄，那也罷了。可是壞就壞在曹叡手下再無能人可敵孔明，最後不得已仍將司馬懿請了出來。這一請有如放虎出柙，輾轉促成司馬懿之為奸雄。

　　司馬懿東山再起之後，首擒孟達於新城，次破馬謖於街亭，聲威頓震。可是後來孔明六出祁山，司馬懿只能抵擋得住孔明攻勢，卻不能給以致命的還擊。直到孔明積勞成疾去世，司馬懿方才喘得過氣來。但就在這期間，司馬懿平了公孫淵，聲望權勢日增，待到曹叡去世，幼子曹芳繼位，年纔八歲，遺命由曹爽及司馬懿輔政後，才漸漸顯出司馬懿的陰險來。

　　曹爽先是對司馬懿很恭謹，一應大事，必先啟知。後來曹爽聽了何晏等諫說，奏明曹芳，解了司馬懿兵權，以為從此可以大權獨攬，但仍不甚放心，恰好李勝除青州刺史，就請李勝往辭司馬懿，目的是探察司馬懿的情況。

　　勝逕到太傅（司馬懿）府下，早有門吏報入。司馬懿謂二子曰：「此乃曹爽使來探吾病之虛實也。」乃去冠散髮，上牀擁被而坐。又令二婢扶策，方請李勝入府。勝至牀前拜曰：「一向不見太傅，誰想如此病重。今天子命某為青州刺

史。特來拜辭。」懿佯答曰：「并州近朔方，好為之備。」
勝曰：「除青州刺史，非并州也。」懿笑曰：「你方從并州
來？」勝曰：「山東青州耳。」懿大笑曰：「你從青州來
也。」勝曰：「太傅如何病得這等了？」左右曰：「太傅耳
聾。」勝曰：「乞紙筆一用。」左右取紙筆與勝。勝寫畢，
呈上。懿看之，笑曰：「吾病的耳聾了。此去保重。」言
訖，以手指口。侍婢進湯，懿將口就之，湯流滿襟，乃作
哽噎之聲曰：「吾今衰老病篤，死在旦夕矣。二子不肖，望
君教之。若見大將軍，千萬看覷二子！」言訖，倒在牀上，
聲嘶氣喘。……司馬懿見李勝去了，遂起身謂二子曰：「李
勝此去，回報消息，曹爽必不忌我矣。只待他出城畋獵之
時（曹爽好獵），方可圖之。」

　　過了不久，曹爽果然請曹芳出城謁墓再去畋獵，御林軍隨
行護駕，城中不留一卒一兵。司馬懿聞悉之下，大喜，起舊日
破敵之人連同數十家將，先到省中令借到節鉞，據了曹爽兵營，
再入宮見太后，要挾太后遣黃門送討曹爽表文至曹芳處，自己
出城屯兵於洛河，守住浮橋，且教曹爽手下聞變逃出城的帶信
給曹爽，「太傅只為將軍權重，不過要削去兵權，並無他意，將

軍可早歸城中。」「太傅指洛水為誓，並無他意。有蔣太尉書在此，將軍可削去兵權，早歸相府。」曹爽就在這種誓言引誘之下，又顧慮城中闔家大小安全，不願去許都調兵以敵司馬懿，結果繳印自縛來見司馬懿。最後結果可想而知，曹爽這邊所有人等及家族，皆斬於市。司馬懿父子從此專魏政。

司馬懿之專魏，不和曹操之專漢政相同。曹操當時漢室衰落，他擁有實力，天子則在他保護之下，其為奸雄，只是水到渠成的事。司馬懿則不然，他那時既無兵權，更無實力，只是佯病以慢曹爽之備，乘隙以攻曹爽之弱，等到事變開始後，又甘言蜜語，信誓旦旦，以墮曹爽之志，欲不戰而勝，其陰險之處，無人可出其右，假如董卓，曹操復生，一定要說：「吾不如司馬懿也！」

守成人物孫仲謀——兼論曹丕

三國時代有兩個繼父兄創業善於守成的人物，一個是孫權，另一個是曹丕。兩人相較，孫權比曹丕強。

曹丕一生平平穩穩，無顯赫功績。雖然有一次聞說吳蜀連和（玄德去世後），有圖中原之意，欲先伐吳以張聲勢，日夜趕造船隻，軍到長江北岸，卻被東吳徐盛殺得棄甲落荒而逃。從此鄴郡深居，再不言兵。正好給諸葛孔明南征孟獲，解除隱憂。

曹丕的得意傑作，也許是逼迫三個弟弟、羞死于禁以及廢獻帝篡漢。一個弟弟（曹熊）被逼懼罪自縊，一個弟弟（曹彰）乖乖兒的交出軍馬，回鄢陵自守。一個弟弟是當時著名文人（曹植，字子建），嗜酒疏狂，恃才放縱，根本對政治不感興趣，曹操死後，亦不來奔喪。（曹操最愛曹植，可是嫌其虛華放縱，因此不立為世子，曹植手下人對此頗憤憤不平。）曹丕恐其生變，派人抓了回來，大小屬官，盡皆殺戮。曹植則因其母卞氏泣告，總算罰立刻作詩一首，幸虧曹植詩才敏捷，方免其罪。這首有名的詩便是：

「煮豆燃豆萁，豆在釜中泣。本是同根生，相煎何太急！」

曹丕聞之，居然亦為之潸然淚下。

羞死于禁的事，頗有心計。

……諡曹操曰武王，葬於鄴郡高陵。令于禁董治陵事。禁奉令到彼，只見陵屋中粉壁上，圖畫關雲長水淹七軍擒獲于禁之事。畫雲長儼然上坐，龐德憤怒不屈，于禁拜伏於地，哀求乞命之狀。原來曹丕以于禁兵敗被擒，不能死節，既降敵而復歸，心鄙其為人，故先令人圖畫陵屋粉壁，故意使之往見以愧之。當下于禁見此畫像，又羞又惱，氣憤成病，不久而死。

曹丕廢獻帝篡漢，其行徑更為卑劣。明明由華歆，賈詡一般人威迫獻帝讓位的，等到禪國詔書齎到時，卻聽司馬懿之言，上表謙辭，以絕天下之謗。如此一而再，再而三，故意做作。最後築起受禪臺，集公卿庶民，明白禪位，帝親捧玉璽奉於曹丕。曹

曹　丕

丕受禪以後，封獻帝為山陽公，即日便行，非宣詔不許入朝。
受禪以後曹丕總算說了一句良心話：「舜禹之事，朕知之矣。」

　　孫權同樣繼父兄創業，可是守成之業，便與曹丕大不相同了。

　　孫策臨終，取印綬與孫權時說：「若舉江東之眾，決機於兩
陣之間，與天下爭衡，卿不如我；舉賢任能，使各盡力以保江
東，我不如卿。卿宜念父兄創業之艱難，善自圖之！」可謂知
弟莫若兄了。

　　東吳中大夫趙咨答曹丕問：「吳侯乃何如主也？」（東吳因
玄德報雲長之仇東征，上表曹丕請其出兵相救，見到曹丕。）

　　咨曰：「聰明仁智雄略之主也。」丕笑曰：「卿褒獎毋乃太
甚？」咨曰：「臣非過譽也。吳侯納魯肅於凡品，是其聰
也；拔呂蒙於行陣，是其明也；獲于禁而不害，是其仁也；
取荊州兵不血刃，是其智也；據三江虎視天下，是其雄也；
屈身於陛下，是其略也。以此論之，豈不為聰明仁智雄略
之主乎？」

　　趙咨的話，誠如曹丕所說，褒獎毋乃太甚。但也不太離譜。
孫權之用周瑜，一如玄德之於孔明。無怪周瑜在群英會上

幾杯酒後佯醉對蔣幹說：「大丈夫處世，遇知己之主，外託君臣之義，內結骨肉之恩，言必行，計必從，禍福共之，假使蘇秦、張儀、陸賈、酈生復出，口似懸河，舌如利刃，安能動我心哉？」曹丕手下人物，對曹丕曾有這樣傾心愛戴嗎？

　　孫權之招納魯肅，可說是孫權守成事業的一大關鍵。假使孫權未有魯肅，恐怕孫劉聯合作戰，大破曹操於赤壁，亦將不能如此順利了。趙咨稱其聰，並未過譽。

　　孫權之用人，周瑜、魯肅以外，另一重要人物便是陸遜。當玄德為報雲長之仇，親率大軍七十萬，聯營七百里，殺奔東吳而來，其勢銳不可當。當時周瑜、魯肅、呂蒙，均已去世，無人可敵。玄德威聲，使江南之人，盡皆膽裂，日夜號哭。孫權更如熱鍋上螞蟻，驚惶失措。眼看要被滅亡國。幸虧此時闞澤保薦陸遜，出敵玄德。但眾人均嫌他是儒生，年幼望輕，不能服人，不是人選。可是孫權知其為奇才（以前嚇昏了不曾想起），經闞澤力保，決意用陸遜抵敵玄德，並恐眾人不服，還為陸遜築壇拜將，賜以寶劍印綬，令掌六郡八十一州兼荊楚諸路軍馬。並囑之曰：「闔以內，孤主之；闔以外，將軍制之。」陸遜果然不負孫權所望，於長期堅守不戰之後，玄德軍心疲憊，一舉而破之，火燒連營七百里，玄德敗退白帝城，東吳終於保全。

孫　權

試問曹丕用人有如此否？此
亦正說明何以黃蓋肯行苦肉計
（周瑜於眾將之前，毒打黃蓋，
使曹操信黃蓋之降非假），而諸葛
瑾說玄德退兵不成仍返東吳了
（玄德報雲長之仇，來伐吳，孫
權驚慌，諸葛瑾因係孔明之兄，
願往說玄德請其退兵，張昭以為
諸葛瑾趁此去吳就蜀，結果諸葛瑾說玄德不成，仍返東吳）。

　　孫權頗有雅量，可不是像曹操那樣裝出來的，曹操帶八十
三萬軍馬下江南之際，魯肅引孔明來見孫權。

　　……孔明又曰：「將軍外託服從之名，內懷疑貳之見，事急
而不斷，禍至無日矣。」權曰：「誠如君言，劉豫州何不降
曹？」孔明曰：「昔田橫，齊之壯士耳，猶守義不辱，況劉
豫州帝室之胄，英才蓋世，眾士仰慕？事之不濟，此乃天
也，又安能屈處人下乎？」孫權聽了孔明此言，不覺勃然
變色，拂衣而起，退入後堂。眾皆哂笑而散。魯肅責孔明
曰：「先生何故出此言？幸是吾主寬洪大度，不即面責。先

生之言，藐視吾主甚矣！」孔明仰面笑曰：「何如此不能容
物耶？我自有破曹之計，彼不問我，我故不言。」肅曰：
「果有良策，肅當請主公求教」……肅聞言，便入後堂，
見孫權。權怒氣未息，顧謂肅曰：「孔明欺吾太甚！」肅
曰：「臣亦以此責孔明，孔明反笑主公不能容物。破曹之
策，孔明不肯輕言，主公何不求之？」權回嗔作喜曰：「原
來孔明有良謀，故以言詞激我。我一時淺見，幾誤大事。」
便同魯肅重復出堂，再請孔明敘話。權見孔明，謝曰：「適
來冒瀆威嚴，幸勿見罪……。」

　　此其一。

　　赤壁戰後，孫權久居合淝，與魏兵大小十餘戰，未分勝負。
一日親自出馬與張遼交戰，手下偏將為保護孫權，為魏將所殺，
吳兵大敗。長史張紘責孫權曰：「主公恃盛壯之氣，輕視大敵，
三軍之眾，莫不寒心。即使斬將搴旗，威震疆場，亦偏將之任，
非主公所宜也。願抑賁育之勇，懷王霸之計。且今日宋謙死於
鋒鏑之下，皆主公輕敵之故。今後切宜保重。」孫權便說：「是
孤之過也。從今當改之。」曹丕似少此雅量。

　　守成人物如孫權者，雖有雅量，舉賢任能，但與創業人物

相較，究竟缺點東西，而這點東西，使創業人物有別於守成人物，這便是氣魄。創業人物為達成其抱負，對當前情勢，有其明快的決策。可則可，不可即不可，決不沉吟遲疑，猶豫不決，或損挫自己抱負，委屈遷就他人。守成人物便不然。

曹操八十三萬人馬下江南之際，魯肅、孔明、及孫權手下一般武將主戰，而文官主和：

> ……且說孫權退入內宅，寢食不安，猶豫不決。吳國太見權如此，問曰：「何事在心，寢食俱廢？」權曰：「今曹操屯兵於江漢，有下江南之意。問諸文武，或欲降者，或欲戰者。欲待戰來，恐寡不敵眾；欲待降來，又恐曹操不容；因此猶豫不決。」

假使孫堅或孫策尚在，義所當戰，決不猶豫。孫權就缺少他父兄這點氣魄。

玄德率師伐吳之際，孫權為請曹丕襲漢中，解救被伐之難，不惜對曹丕上表稱臣，假使孫堅或孫策尚在，決不損挫自己抱負，而委屈稱臣，而趙咨稱其為「略」，此「略」亦太可憐矣。

守成人物不但如此，而且對骨肉多缺乏恩情，曹丕之於三個

弟弟如此，孫權對其妹亦何嘗不如此，只是程度或有不同而已。

　　按理孫權之妹早已及笄，做哥哥的應該替她物色適當對象，可是孫權卻並不如此，直待甘夫人去世，想起其妹尚有作政治利用的價值，然後妄思以婚姻為餌，欲賺玄德來東吳，作為交換荊州的條件，而且事先既不令其妹知道，且亦不讓其母吳國太知道，卻不料事情變化，出乎孫權意料之外，假婚姻變成真婚姻，而且結婚以後，孫夫人對玄德真是「妾已事君，任君所之，妾當相隨」。而且推稱江邊祭祖，不告而去，這一去教孫權怒不可言，不僅欲取玄德之頭，且並亦欲取其妹之頭，其刻薄寡恩，不亞曹丕。

　　後來又騙說吳國太病重，教孫夫人歸寧，順便帶阿斗來東吳，欲作人質。總算被趙雲截了下來。但孫夫人卻被孫權留住，不教回蜀，使夫妻二人從此不得團聚，假使孫策在世，其妹決不致及笄尚待字深閨，且更不致作為政治香餌也。

一代完人諸葛孔明

讀《三國演義》的人，對諸葛孔明的印象，自第三十八回隆中決策起，至第一〇四回五丈原歸天止，最初是胸藏機謀，腹諳韜略，奇計用兵，嚴法治國，能言善辯，謹慎治事，上知天文，下知地理，且能呼風喚雨，巧造木牛流馬。以現代名詞來說，他是一位傑出的政治家、政略家、戰略家、軍事家、辯論家和科學家。這只是孔明的一面，這一面光芒萬丈，震攝讀者。隨後讀到七擒孟獲，六出祁山，前後〈出師表〉時，讀者乃發現孔明的另一面，但這另一面仍深藏在孔明心的深處，必須善讀《三國演義》，方才可以發現。一旦發現以後，不由人不承認孔明另有胸懷。而非這些家的頭銜所能包羅。

孔明是傑出的政略家，且看隆中三分決策的一席話（前文曾有述及），可見實非當時風雲人物如曹操、孫權、周瑜輩能望其項背。

孔明是一位傑出的戰略家，且看他對孫權的一席話，教孫權決意抗曹：

「豫州雖新敗，然關雲長猶率精兵萬人；劉琦領江夏戰士，

亦不下萬人。曹操之眾，遠來疲憊；近追豫州，輕騎一日
夜行三百里。此所謂強弩之末，勢不能穿魯縞者也。且北
方之人，不習水戰。荊州士民，附操者迫於勢耳，非本心
也。今將軍誠能與豫州協力同心，破曹軍必矣。操軍破必
北還，則荊吳之勢強，而鼎足之形成矣。成敗之機，在於
今日。唯將軍裁之。」

　　孔明分析敵我形勢，肯定作戰條件（孫劉協力同心），當時
在孫權面前，誰又能說得如此清楚明白，教孫權決心抗曹呢？
　　當玄德初定西川之際，使孔明擬定治國條例，刑法頗重。
法正認為應寬刑省法，以應民望，可是孔明另有一種看法：

「君知其一，未知其二。秦用法暴虐，萬民皆怨，故高祖
以寬仁德之。今劉璋闇弱，德政不舉，威刑不肅；君臣之
道，漸以陵替。寵之以位，位極則殘；順之以恩，恩竭則
慢。所以致弊，實由於此。吾今威之以法，法行則知恩；
限之以爵，爵加則知榮。恩榮並濟，上下有節，為治之道，
於斯著矣。」法正拜服。

諸葛亮

孔明闡明治亂之道，寬嚴和猛之際，未有定則，要皆視當時情形而定。當時風雲人物忙於作戰，誰想到這些治國之道。即使想到，下也者以不損作戰實力為前提，上也者亦不過如法正所說，寬刑省法，無濟於亂世。此所以孔明為大政治家也。

此外孔明是一個傑出的軍事家、辯論家、和科學家，對孔明說，這些實在是錦上添花。一般讀《三國演義》的人，對孔明低迴往復，一再讚歎者，卻是這些處所。

然如再深讀研思，其真正教人低迴往復，一再讚歎者，卻別有所在。當讀到後面七擒孟獲，六出祁山，以及前後〈出師表〉時，就可發現孔明不是這些家所能包羅。

先說七擒孟獲。故事很簡單，前後孔明用計擒住孟獲七次，最後一次，孟獲說：「南人不復反矣」，戰事方才結束。可是這故事後面真正的意義是什麼呢？

第一、孟獲犯境，只是疥癬之疾，遣一大將即可討平，何勞孔明親往。第二、即使孔明需要親往，一次擒住孟獲，解回

成都發落，不就結了，何必再而三，三而四，以至到七次呢？

　　第二個問題是由第一個問題衍生的，第一個問題則是另一件而且是最重大事件的先決條件，便是討伐中原。

　　孔明為要討伐中原，必先達成幾個條件。一個是東吳不能趁此來侵。這一點沒有問題，因為孔明在征南之前，已派了秦宓前往東吳，與孫吳說定媾和，不會來侵。（假使荊州未失，則荊州之兵，可指向宛洛，條件更好。現在已失，只好退而求其次。）第二個是司馬懿不能當權。這一點孔明用了反間計，已使曹叡解了司馬懿兵權，放歸田里，所以也沒有問題。第三個便是邊境要安謐，方可放心北伐。可是這時候正是孟獲犯境之時，因此必須要立即解決，而且根本的解決。如何是根本的解決之道，必須要就地斟酌決定，因此孔明要親往征服。七擒孟獲，再七縱孟獲。是就地斟酌後決定的根本解決之道，直要使得孟獲傾心歸降，不再造反，方才罷休。所以雖以瀘水之險毒，南方之瘴疫，還是親自去走一遭。

　　七擒孟獲是孔明深藏在心中另一面的開端，亦即是真正教人低迴往復，一再讚歎者的開端。這便是六出祁山，北伐中原。

　　六出祁山，北伐中原，是孔明出山以來的心願，一以報玄德殊遇之恩，二以討逆賊而興復漢室。這個心願是否能夠實現，

並無把握。當時局勢，曹叡雖已將司馬懿放歸田里，但尚有將
軍郭淮曹真，都是能征慣戰的人，不可輕敵，而司馬懿之被廢
歸，是否從此銷聲匿跡，亦無把握。東吳方面，自奪回荊州後
國勢日強，而且在孔明征南之前，徐盛又用火攻破了曹丕大兵，
聲勢日盛。所以當時局勢，維持鼎足之勢。雖綽綽有餘！但欲
進一步進兵宛洛，復興漢室，卻是困難重重，聰明如孔明，對
此當瞭如指掌。但卻明知其不可為而欲為之，為什麼呢？且看
〈前出師表〉中所說：

> ⋯⋯臣本布衣，躬耕南陽，苟全性命於亂世，不求聞達於
> 諸侯。先帝不以臣卑鄙，猥自枉屈，三顧臣於草廬之中，
> 諮臣以當世之事，由是感激，遂許先帝以馳驅。後值傾覆，
> 受任於敗軍之際，奉命於危難之間，爾來二十有一年矣。
> 先帝知臣謹慎，故臨崩寄臣以大事也。受命以來，夙夜憂
> 慮，恐付託不效，以傷先帝之明；故五月渡瀘，深入不毛。
> 今南方已定，甲兵已足，當獎帥三軍，北定中原，庶竭駑
> 鈍，攘除姦凶，興復漢室，還於舊都，此臣所以報先帝而
> 忠陛下之職分也。⋯⋯

　　孔明天生淡泊明志，躬耕南陽，願以布衣終老。當初徐庶
因老母被曹操拘囚，馳書來召，為老母安全，不得不捨玄德前
往，臨行時，有感於玄德至誠，將孔明薦與玄德。又恐孔明不
肯出山，再到南陽當面來訪孔明。「『臨行時，將公薦與玄德。
玄德即日將來奉謁，望公勿推阻，即展生平之大才以輔之，幸
甚。』孔明聞言作色曰：『君以我為享祭之犧牲乎？』說罷，拂
袖而入。」孔明亮節高風，視聞達於諸侯為享祭之犧牲，與當
時風雲人物，何啻有雲泥之別。

　　一個存心以布衣終老，不求聞達於諸侯的人，一旦受當時
英雄人物如玄德者之三顧茅廬，誠心求助，雖嚴詞拒絕，「亮久
樂耕鋤，懶於應世，不能奉命。」但經玄德泣告：「先生不出，
如蒼生何？」最後不得不答應效命。可是雖答允效命，卻並不
以此為自己前程打算。且看他答應玄德出山以後，臨行如何關
照其弟諸葛均：「吾受劉皇叔三顧之恩，不容不出。汝可躬耕於
此，勿得荒蕪田畝。待吾功成之日，即當歸隱。」當初是不求
聞達於諸侯，經玄德三顧之後，不容不出，所以退而求其次，
只願功成歸隱。與當時多少風雲才智之士，只待功成後，坐享
富貴相比，直有霄壤之別矣！

　　孔明雖天性樂於耕鋤，懶於應世。但一旦許以效命以後，

即發揮政治、軍事大才，第一步先使玄德的流轉生活告一結束，覓得棲身之地——漢津。然後以漢津為根據地，趁曹操大舉南下之際，智激孫權、周瑜，孫劉連兵，大敗曹操於赤壁，略取荊州之地，作為玄德的根基，然後西取巴蜀，奠定天下三分的局勢。在此一段時期中，孔明兢兢業業，不敢懈怠，對隆中決策已大部實現，對玄德三顧之恩，和解救蒼生，亦略酬心願，可是百尺竿頭，尚需再進一步，方可言功成歸隱，那就是孔明自出山以來，一日不曾去懷的北定中原，還於舊都。

孔明第一次北伐中原是蜀漢建興五年三月，先由成都進駐軍馬於漢中，然後大敗夏侯楙，智取南安、天水、安定三郡，迫降姜維，罵死王朗，攻勢極為順利，直追曹真至渭水，曹叡（曹丕子）大驚，不得已仍起用司馬懿。司馬懿受命之後即擒孟達（叛雲長投曹，後思贖罪反魏，被人告密）於新城，破馬謖於街亭，局勢遂趨逆轉，最後孔明不得不冒險用空城計，騙了司馬懿，才算安然撤至漢中。這一回合，孔明毫無進展。

次年秋九月，孔明在漢中兵強馬壯，糧草豐足，所用之物，一切完備，又再上表（〈後出師表〉）出師伐魏。

先帝慮漢賊不兩立，王業不偏安，故託臣以討賊也。以先

帝之明，量臣之才，故知臣伐賊，才弱敵強也。然不伐賊，
王業亦亡。惟坐而待亡，孰與伐之？是故託臣而弗疑也。
臣受命之日，寢不安席，食不甘味。思惟北征，宜先入南；
故五月渡瀘，深入不毛，并日而食，臣非不自惜也。顧王
業不可偏安於蜀都，故冒危難以奉先帝之遺意，而議者謂
為非計。今賊適疲於西，又務於東，兵法乘勞，此進趨之
時也。……然後吳更違盟，關羽毀敗，秭歸蹉跌，曹丕稱
帝。凡事如是，難可逆料。臣鞠躬盡瘁，死而後已，至於
成敗利鈍，非臣之明所能逆覩也。

　　第二次孔明出陳倉，襲祁山，斬王雙，取陰平二郡敗司馬
懿，轉戰經年，後因病回成都休養，仍無所獲。

　　曹叡方面，反過來要入寇西蜀。蜀漢建興八年秋七月，曹
真、司馬懿為正副都督，劉曄為軍師，率大軍四十萬，經長安，
逕奔劍閣，來取漢中。可是卻逢秋雨淋漓，連綿一月，人不得
睡，馬無糧草，死者無數，曹叡不得已召曹真、司馬懿回去。
魏兵退去之後，孔明在祁山之左，伏擊曹真，曹真氣成疾病，
更因孔明一封信，送了曹真的命，曹真既死，曹叡即催司馬懿
出戰。兩軍鬥陣，司馬懿不明孔明陣法，大敗而走，退至渭南

下寨，堅守不出。孔明在此勝勢之下，卻不料因一糧官之散佈
謠言（送糧過限十日，原應處斬，經人說項，杖責八十，懷恨
來魏寨投降，司馬懿要其回成都散佈謠言，說孔明有怨上之意，
早晚欲稱為帝），被後主召回。孔明退軍之際，用減兵添竈法，
騙了司馬懿，不敢追擊，安全撤退，兩下暫時罷兵。孔明回成
都，見了後主，問明情形，方知是糧官放謠，後主懊悔不迭。

　　次年（建興九年）春二月，孔明復出師伐魏，大軍望祁山
進發，欲割隴西之麥，司馬懿早已防範，孔明用同樣四輪車三
輛，將軍士裝神，蒙了司馬懿，割了所有的麥回去。卻在此時
李嚴（總辦糧食）慌報東吳來侵，不得不退，雖然退軍時伏弩
射殺了魏將張郃，這次出征卻並無收獲。孔明回成都後，積草
屯糧，講陣論武，整治軍器，存恤將士，足足三年。

　　建興十二年春二月，孔明奏明出師伐魏，太史譙周，頗明
天文，以為不可。但孔明不聽：

　　……遂命有司設太牢祭於昭烈之廟，涕泣拜告曰：「臣亮五
　　出祁山，未得寸土，負罪非輕！今臣復統全部再出祁山，
　　誓竭力盡心，剿滅漢賊，恢復中原，鞠躬盡瘁，死而後
　　已！」祭畢，拜辭後主，星夜至漢中。

　　這次孔明引三十四萬大軍，分五路而進。司馬懿方面引兵四十萬，大部在渭濱下寨，小部過渭水安營。另並於北原下寨，以防阻絕隴道。孔明以少數兵力，明取北原，而以大軍攻渭水大營，誰知司馬懿早有準備，蜀兵大敗，初戰頗為不利。此時司馬懿貪心不足，令人來蜀營假投降，卻被孔明識破，將計就計，教司馬懿來劫營，司馬懿果然中計，殺得魏兵十傷八九，大敗而回，堅守不出。欲待蜀兵糧盡而退。孔明恰於此時覓得上方谷，教隨軍匠作製造木牛流馬，往來搬運糧草，卻故意教司馬懿搶去幾隻，司馬懿依樣仿製，亦能奔走。孔明趁司馬懿運糧之際，教人扮作魏兵，星夜偷過北原，混入運糧隊中，殺了護糧之人，驅木牛流馬而回，魏軍聞聲來救，蜀兵扭轉木牛流馬舌頭，俱不能行走，救兵被孔明所派伏兵掩殺，大敗而回，司馬懿聞北原兵敗，自引軍來救，亦被伏兵掩殺，棄甲拋盔逃回本寨，不敢再出。

　　戰局相持，未有勝負。孔明為久駐計，教蜀兵與魏民相雜種田，互不侵犯，司馬懿反倒焦急起來。孔明卻故意將木牛流馬教司馬懿劫擄些去，並由運糧軍士透露些假消息：「諸葛丞相不在祁山，在上方谷西十里下營安住，今每日運糧屯於上方谷。」司馬懿信以為真，派兵攻祁山大寨，而自己引兵來上方

谷燒糧，進得上方谷，谷中草房裏存的那裏是糧草，卻都是乾柴，才發現中計，想要逃出，只見谷口丟下火把，底下是地雷，火勢沖天，司馬懿驚得手足無措，下馬抱二子大哭：「我父子三人皆死於此處矣！」卻不料天降大雨，火不能著，司馬懿父子趁機逃走，從此據守不出，雖孔明遺以巾幗女衣，亦默然受之。

孔明這次出師以來，親理細事，汗流終日，部下頗多勸諫，但孔明只說：「吾非不知，但受先帝託孤之重，惟恐他人不似我盡心也！」這次捉司馬懿不得，漸漸自覺神思不寧，恐不能生，思以禳星之術，增壽一紀，希成全功；卻不料魏延為報魏兵來犯，慌忙間踏滅禳星主燈，孔明不禁歎說：「死生有命，不可得而禳也！」臨終之前，尚殷殷囑付姜維以兵法，授馬岱、楊儀密計以除魏延，以及退軍之計，並上表後主：

伏聞生死有常，難逃定數。死之將至，願盡愚忠。臣亮賦性愚拙，遭時艱難；分符擁節，專堂鈞衡；興師北伐，未獲成功；何期病入膏肓，命垂旦夕；不及終事陛下，飲恨無窮……臣家有桑八百株，田五十頃，子孫衣祿，自有餘饒。至於臣在外任，隨身所需，悉仰於官，不別治生產。臣死之日，不使內有餘帛，外有餘財，以負陛下也。

　　蜀漢建興十二年秋八月二十三日，是夜天愁地慘，月色無光，孔明奄然歸天，享壽五十四歲。唐杜工部、白樂天、元微之均有詩讚歎：

　　長星昨夜墜前營，訃報先生此日傾。虎帳不聞施號令，麟臺誰復著勳名。空餘門下三千客，辜負胸中十萬兵。好看綠陰清晝裏，於今無復迓歌聲。──杜工部

　　先生晦跡臥山林，三顧欣逢賢主尋。魚到南陽方得水，龍飛天外便為霖。託孤既盡慇懃禮，報國還傾忠義心。前後出師遺表在，令人一覽淚沾襟。──白樂天

　　撥亂扶為主，殷勤受託孤。英才過管樂，妙策勝孫吳。凜凜〈出師表〉，堂堂八陣圖。如公存盛德，應歎古今無。──元微之

　　孔明自出山之日起，據漢津，破曹操於赤壁，然後取荊州為基業，西進巴蜀，南平孟獲，諸事均如其隆中決策，所欠者只是中原未復，就孔明本人言，正是「出師未捷身先死，長使英雄

淚滿襟」。孔明以「苟全性命於亂世，不求聞達於諸侯」，原是抱有所不為；可是經玄德再三催請，不容不出，於是毅然改變初衷，自有所不為一變而為知其不可為而為之。一而再，再而三，以至六出祁山，鞠躬盡瘁，死而後已。翻遍三國時代的所有人物，找不出第二個人來，吾故曰：「諸葛孔明，一代完人。」

雄姿英發周公瑾

蘇東坡〈念奴嬌〉詞〈赤壁懷古〉有「遙想公瑾當年，小喬初嫁了，雄姿英發」。諸葛孔明祭周瑜文中亦有「想君當年，雄姿英發」。「雄姿英發」四字，是周瑜一生為人行事最好的評論。

周瑜生得姿質風流，儀容秀麗，大約是普通所說美男子之類。不但此也，周瑜富有才氣，對征討作戰，富有謀略。否則孫策臨終時不會說：「外事不決，可問周瑜」了。

周瑜的雄姿英發，赤壁之戰以前，《演義》敘得很少。自從曹操馳檄江東，請孫權會獵於江夏以後，連續十幾回，幾乎每回敘到周瑜，而於此顯得周瑜的雄姿英發。

曹操欲下江東，周瑜聞訊自防地趕到。眾文武咸來晉見。武將咸主戰，周瑜亦主戰。謀士咸主降，他亦說：「吾亦欲降久矣。」晚間魯肅引孔明來拜見，座談間魯肅欲戰，周瑜欲降，兩個人爭辯起來。周瑜是想假爭辯來試探孔明，孔明卻趁爭辯引〈銅雀臺賦〉兩句「攬二喬於東南兮，樂朝夕之與共」來激周瑜，周瑜被激勃然大怒，離座指北而罵曰：「老賊欺吾太甚！」「吾與老賊誓不兩立！」然後周瑜吐露了他的真意：

「吾承伯符寄託，安有屈身降操之理？適來所言，故相試
耳。吾自離鄱陽湖，便有北伐之心。雖刀斧加頭，不易其
志也。」

其實他早可以說明真意了，不必兜圈子。可是他要賣弄姿
態。他只肯對孫權，但不肯對孔明說：

周 瑜

「且操今此來，多犯兵家之忌：
北土未平，馬騰、韓遂為其後
患，而操久於南征，一忌也；
北軍不諳水戰，操捨鞍馬，仗
舟楫，與東吳爭衡，二忌也；
又時值隆冬盛寒，馬無藁草，
三忌也；驅中國士卒，遠涉江
湖，不服水土，多生疾病，四
忌也。操兵犯此四忌，雖多必
敗。將軍擒操，正在今日。瑜
請得精兵數千，進屯夏口，為
將軍破之。」

　　周瑜最顯得雄姿英發的時候，是蔣幹來說，群英會的一幕。
孔明祭文中有「弔君鄱陽蔣幹來說，揮灑自如，雅量高志」。且看：

　　……敘禮畢，坐定，即傳令悉召江左英傑與子翼相見。須
臾，文官武將，各穿錦衣；帳下偏裨將校，都披銀鎧，分
兩行而入。瑜都教相見畢，就列於兩傍而坐，大張筵席，
奏軍中得勝之樂，輪換行酒。瑜告眾官曰：「此吾同窗契友
也，雖從江北到此，卻不是曹家說客。公等勿疑。」遂解
佩劍付太史慈曰：「公可佩我劍作監酒。今日宴飲，但敘朋
友交情；如有提起曹操與東吳軍旅之事者，即斬之。」太
史慈應諾，按劍坐於席上。蔣幹驚愕，不敢多言。周瑜曰：
「吾自領軍以來，滴酒不飲；今日見了故人，又無疑忌，
當飲一醉。」說罷，大笑暢飲，座上觥籌交錯。飲至半酣，
瑜攜幹手，同步出帳外。左右軍士，皆全裝貫帶，持戈執
戟而立。瑜曰：「吾之軍士，頗雄壯否？」幹曰：「真熊虎
之士也。」瑜又引幹到帳後一望，糧草堆積如山。瑜曰：
「吾之糧草，頗足備否？」幹曰：「兵精糧足，名不虛
傳。」瑜佯醉大笑曰：「想周瑜與子翼同學時，不曾望有今
日。」幹曰：「以吾兄高才，實不為過。」瑜執幹手曰：

「大丈夫處世，遇知己之主，外託君臣之義，內結骨肉之恩，言必行，計必從，禍福共之，假使蘇秦、張儀、陸賈、酈生復出，口似懸河，舌如利刃，安能動我心哉？」言罷大笑。蔣幹面如土色。瑜復攜幹入帳，會諸將再飲；因指諸將曰：「此皆江東之英傑。今日此會，可名群英會。」飲至天晚，點上燈燭，瑜自起舞劍作歌。歌曰：「丈夫處世兮立功名，立功名兮慰平生。慰平生兮吾將醉，吾將醉兮發狂吟！」歌罷，滿座歡笑。

這是何等的躊躇滿志，又是何等的目中無人。孔明說他是揮灑自如，雅量高致，這是對已去世的人存心厚道的話。三國時代有這樣表現的，只有周瑜一人。

第二次蔣幹又來到東吳（蔣幹可說真是一個糊塗說客，既不知所說的對象是怎樣的人，又不知自己被對方利用了），周瑜於當面開銷一頓之後，索性送他到西山庵中。卻教他有緣會見龐士元，心甘情願的接受連環計（大小船隻用鐵環連鎖）。周瑜在此等處所，可說是安排得非常巧妙。

黃蓋的苦肉計，周瑜演得來有聲有色，教曹操信以為真。且看：

次日，周瑜鳴鼓大會諸將於帳下，孔明亦在座。周瑜曰：
「操引百萬之眾，連絡三百餘里，非一日可破。今令諸將各
領三個月糧草，準備禦敵。」言未訖，黃蓋進曰：「莫說三
個月，便支三十個月糧草，也不濟事。若是這個月能破便
破；若是這個月不能破，只可依張子布之言，棄甲倒戈，北
面而降之耳。」周瑜勃然變色大怒曰：「吾奉主公之命，督
兵破曹，敢有再言降者必斬！今兩軍相敵之際，汝敢出此
言，慢我軍心，不斬汝首，難以服眾！」喝左右將黃蓋斬訖
報來。黃蓋亦怒曰：「吾自隨破虜將軍，縱橫東南，已歷三
世，那有你來！」瑜大怒，喝令速斬。甘寧前進告曰：「公
覆乃東吳舊臣，望寬恕之。」瑜喝曰：「汝何敢多言，亂吾
法度！」先叱左右將甘寧亂棒打出。眾官皆跪告曰：「黃蓋
罪固當誅，但於軍不利。望都督寬恕，權且記罪。破曹之
後，斬亦未遲。」瑜怒未息，眾官苦苦告求。瑜曰：「若不
看眾官面皮，決須斬首！今且免死！」命左右拖翻，打一百
脊杖，以正其罪。眾官又告免，瑜推翻案桌，叱退眾官，喝
教行刑。將黃蓋剝了衣服，拖翻在地，打了五十脊杖。眾官
又復苦苦求免。瑜躍起指蓋曰：「汝敢小覷我耶！且記下五
十棍！再有怠慢，二罪俱罰。」恨聲不絕而入帳中。

　　此處顯得周瑜是何等的威風凜凜，不可一世。

　　周瑜的雄姿英發最高峰，當然是在赤壁之戰。大都督周瑜以黃蓋為先鋒，假詐降發火攻曹操大寨，「但見三江面上，火逐風飛，一派通紅，漫天徹地。」「左邊是韓當、蔣欽，兩軍從赤壁西邊殺來；右邊是周泰、陳武，兩軍從赤壁東邊殺來；正中是周瑜、程普、徐盛、丁奉，大隊船隻都到。火須兵應，兵仗火威。此正是三江水戰，赤壁鏖兵。」此外甘寧、潘璋、董襲又在曹操寨中放火吶喊，還派呂蒙、凌統、太史慈、陸遜等截住曹操去路。殺得曹操狼奔豕突，潰不成軍。真所謂運籌帷幄之中，決勝千里之外。所以蘇東坡詞中有「故壘西邊，人道是，三國周郎赤壁。亂石崩雲，驚濤拍岸，捲起千堆雪。江山如畫，一時多少豪傑」。又有「羽扇綸巾，談笑間，強虜灰飛煙滅」。而諸葛孔明祭文中有「從此天下，更無知音」。的確，除了周瑜，誰又是孔明的知音。可是這樣的知音太可怕了。

　　第一次，孔明知道孫權心怯曹兵之多，請周瑜以軍數開解。果然孫權擔憂曹操兵多，恐寡不敵眾。周瑜暗忖：「孔明早已料著吳侯之心，其計劃又高我一頭，久必為江東之患，不如殺之。」總算被魯肅擋住了。

　　第二次，周瑜又欲假請孔明星夜往聚鐵山斷曹操糧道，以

殺孔明。卻禁不起孔明片言相激，要自己去斷糧道。

　　……只見孔明略無難色，整點軍馬要行。肅不忍，以言挑之曰：「先生此去可成功否？」孔明笑曰：「吾水戰、步戰、馬戰、車戰，各盡其妙，何愁功績不成？非比江東，公與周郎輩止一能也。」肅曰：「吾與公瑾何謂一能？」孔明曰：「吾聞江南小兒謠言云：伏路把關饒子敬，臨江水戰有周郎。公等於陸地但能伏路把關；周公瑾但堪水戰，不能陸戰耳。」肅乃以此言告知周瑜，瑜怒曰：「何欺我不能陸戰耶！不用他去！我自引一萬軍馬，往聚鐵山斷操糧道。」肅又將此言告孔明。孔明笑曰：「公瑾令吾斷糧道者，實欲使曹操殺吾耳，吾故以片言戲之，公瑾便容納不下。……操賊多謀，他平生慣斷人糧道，今如何不以重兵提備？公瑾若去，必為所擒。……望子敬善言，以告公瑾為幸。」魯肅遂連夜回見周瑜，備述孔明之言。瑜搖首頓足曰：「此人見識，勝吾十倍，今不除之，後必為我國之禍！」

　　周瑜是經不起激的。周瑜之決心戰操，恐怕還是孔明引了《銅雀臺賦》兩句文激將起來的。

第三次，周瑜假蔣幹施了反間計，教曹操殺了蔡瑁、張允，著魯肅言挑孔明，看他知也不知。

> 肅曰：「連日措辦軍務，有失聽教。」孔明曰：「便是亮亦
> 未與都督賀喜。」肅曰：「何喜？」孔明曰：「公瑾使先生
> 來探聽亮知也不知，便是這件事可賀喜耳。」

魯肅將上項事對周瑜實說，又引起周瑜殺孔明之心。這次是請孔明於十日內監造十萬枝箭，卻分付匠人等故意遲延，應用物件，不與齊備，到期繳不出，依軍法定罪。幸虧孔明知曉天文，算定第三日有重霧迷江。孔明用二十條船，船兩邊紮草束，駛近曹操水寨，一聲擂鼓吶喊，曹操十萬枝箭就送上門來。

第四次，也是孔明設壇祭借東風成功之時，周瑜教丁奉、徐盛到壇上來殺孔明，孔明卻早已先一步離壇乘船回去了。

周瑜四次想殺孔明不成，卻種下了後來三次受氣的因素。第一次，為取南郡。周瑜於擊敗曹仁之後，引軍逕到南郡城下，要想取城。卻萬料不到孔明已著趙雲乘虛捷足先登。得了南郡，又詐用兵符，賺取荊州襄陽。三處城池，周瑜一處也拿不到。這一氣非同小可，要和孔明拚個你死我活。總算被魯肅勸住，

由魯肅去說理。若說不通，那時動兵未遲。

　　魯肅說理未告成功，因為劉表的兒子劉琦恰在荊州，以叔輔姪，有何不可。待劉琦不在，便將荊州還給東吳。幸虧劉琦酒色過度，在世最多半年。半年之後，劉琦果死。魯肅又來討荊州，卻被孔明一番話，說得魯肅暫借荊州，待取得別處城池，再還東吳。

　　幸好甘夫人不久去世，玄德日夜煩惱。周瑜一看機會來了，就施行美人計，先賺玄德來東吳，加以軟禁，藉討荊州，等到交割了城池，那時再另有主意。可是美人計弄假成真，吳國太看中女婿在前，孫尚香又決心跟隨玄德去荊州在後，待至追兵迭出，又被孔明伏兵殺退，正是「周郎妙計安天下，陪了夫人又折兵」。這一氣氣得周瑜金瘡迸裂，倒於船上，不省人事。

　　第三次，曹操表了周瑜領南郡，周瑜又借題要魯肅來討荊州。孔明許以圖得西川，即還荊州。周瑜就趁此想用假途滅虢之計，取荊州，殺玄德，又被孔明看破，此計不行。一怒之下，欲真去取西川，卻教孔明一封書，銷了取川之圖，可也就此送了周瑜的終，享壽僅三十六歲。英年早折，可堪哀悼。

　　周瑜是三國時代的傑出人物，當無貳論。至於如何傑出，則以「雄姿英發」四字為最恰當。蔣幹來說，周瑜揮灑自如，

雅量高致，不能不令人讚賞。辱打黃蓋，做得有聲有色。赤壁
鏖兵，正面火攻，兩路迂迴，殺得曹操落荒而逃，這是雄姿英
發的最高峰。

　　但是雄姿英發的人，往往華過其實，燦爛而不悠長，猛烈
而乏深度。周瑜好比一塊美玉，質澤光瑩，可惜未加彫琢。假
如加以琢磨，一定有像孔明那樣在隆中所說的安邦大計，萬事
以此為本，不輕易為片言所激，亦不以一時一地之得失為重，
就不致有四次要殺孔明之事，自己亦不致英年夭折。這樣，三
國歷史，恐怕要重寫了。

寬仁長者魯子敬？

《三國演義》裏敘說到魯肅來討荊州，孔明教玄德大哭，然後孔明說明玄德大哭的原因後，請魯肅善言回覆孫權，再容幾時時，稱「魯肅是個寬仁長者，見玄德如此哀痛，只得應允」。

三國戰亂之世，寬仁長者只好在家納福。魯肅如果是一寬仁長者，周瑜於孫策死後，受命輔佐孫權時，不會推薦魯肅。更不會於臨終時，推薦魯肅以代自己。周瑜推薦魯肅時曾說「此人胸懷韜略，腹隱機謀」。魯肅隨同周瑜來見孫權，「孫權敬之，與之談論，終日不倦。」有一天，權留魯肅共飲，至晚同榻抵足而臥。

夜半，權謂肅曰：「方今漢室傾危，四方紛擾，孤承父兄餘業，思為桓文之事，君將何以教我？」肅曰：「昔漢高帝欲尊事義帝而不獲者，以項羽為害也。今之曹操可比項羽，將軍何由得為桓文乎？肅竊料漢室不可復興，曹操不可卒除。為將軍計，惟有鼎足江東以觀天下之釁。今乘北方多務，剿除黃祖，進伐劉表，竟長江所極而據守之，然後建號帝王以圖天下，此高祖之業也。」

這翻話豈多遜孔明在隆中對玄德所說的呢？所以與其說魯肅是寬仁長者，不如說魯肅是謀略之士，更為恰當。大凡魯肅所建議或指陳的，都屬於國策大計，而在征戰之時，攻守之計，則頗少表現。不信，且看：

曹操欲下江東，邀孫權會獵於江夏，共伐劉備，同分土地，並要求速報回音。張昭和眾謀士都主張降曹，降曹則東吳民安，江南六郡可保。孫權聽了低頭不語。

> 須臾，權起更衣，魯肅隨於權後。權知肅意，乃執肅手而言曰：「卿欲如何？」肅曰：「恰纔眾人所言，深誤將軍。眾人皆可降曹操，惟將軍不可降曹操。」權曰：「何以言之？」肅曰：「如肅等降操，當以肅還鄉黨累官，故不失州郡也。將軍降操，欲安所歸乎？位不過封侯，車不過一乘，騎不過一匹，從不過數人，豈得南面稱孤哉？眾人之意，各自為己，不可聽也。將軍宜早定大計。」權歎曰：「諸人議論，大失孤望。子敬開說大計，正與吾見相同。此天以子敬賜我也！」

「眾人皆可降曹操，惟將軍不可降曹操。」這是識見高超

的人方才能說出來的話。

　　周瑜於認識孔明計謀高他一等（孔明預知孫權心怯曹兵之多，教周瑜以軍數開解）之後，欲殺孔明以絕江東後患，連夜請魯肅入帳，告以欲殺孔明之事。

魯　肅

　　肅曰：「不可，今操賊未破，先殺賢士，是自去其助也。」

　　這等處所，攸關國家大計，魯肅似比周瑜更高出一等。但魯肅之被稱為寬仁長者，也不是沒來由的。

　　魯肅自邀請孔明來東吳之後，曾再三叮囑孔明切莫向孫權言曹操兵多，以免心怯。但孔明為激孫權計，卻說：

　　「馬步水軍，約有一百餘萬。」權曰：「莫非詐乎？」孔明曰：「非詐也。曹操就兗州已有青州軍二十萬；平了袁紹又得五六十萬；中原新招之兵三四十萬；今又得荊州之兵二三十萬；以此計之，不下一百五十萬。亮以百萬言之，恐

驚江東之士也。」魯肅在旁，聞言失色，以目視孔明，孔
明只做不見。

　　聞言失色，這是寬仁長者的表現。
　　周瑜自鄱陽回到柴桑議軍機事，日間接見文武官員並聽取
意見後，至晚，魯肅引孔明來拜見：

肅先問瑜曰：「今曹操驅眾南侵，和與戰二策，主公不能
決，一聽於將軍。將軍之意若何？」瑜曰：「曹操以天子為
名，其師不可拒。且其勢大，未可輕敵。戰則必敗，降則
易安。吾意已決。來日見主公，便當遣使納降。」魯肅愕
然曰：「君言差矣。江東基業，已歷三世，豈可一旦棄於他
人？伯符遺言，外事付託將軍。今正欲仗將軍保全國家，
為泰山之靠，奈何亦從懦夫之議耶？」瑜曰：「江東六郡，
生靈無限；若罹兵革之禍，必有歸怨於我，故決計請降
耳。」肅曰：「不然。以將軍之英雄、東吳之險固，操未必
便能得志也。」二人互相爭辯，孔明只袖手冷笑。瑜曰：
「先生何故哂笑？」孔明曰：「亮不笑別人，笑子敬不識時
務耳。」肅曰：「先生如何反笑我不識時務？」孔明曰：

「公瑾主意欲降操，甚為合理。」瑜曰：「孔明乃識時務之
士，必與君有同心。」肅曰：「孔明，你也如何說此？」孔
明曰：「操極善用兵，天下莫敢當。向只有呂布、袁紹、袁
術、劉表，敢與對敵。今數人皆被操滅，天下無人矣。獨
有劉豫州不識時務，強與爭衡。今孤身江夏，存亡未保。
將軍決計降曹，可以保妻子，可以全富貴。國祚遷移，付
之天命，何足惜哉？」魯肅大怒曰：「汝教吾主屈膝受辱於
國賊乎？」

　　這些話孔明是說給周瑜聽的，該大怒的是周瑜，而不是魯
肅。魯肅大怒，是因為孔明說了「笑子敬不識時務耳」。寬仁長
者有時候是開不得玩笑的。

　　但是魯肅之最具寬仁長者處，恰是在為玄德作保暫借荊州
一回。玄德自襲取南郡，復詐用兵符，賺取荊州、襄陽等地，氣
殺周瑜，定要起兵與玄德決一雌雄，復奪城池，並望魯肅助他。

魯肅曰：「不可。方今與曹操相持，尚未分成敗；主公現攻
合淝不下；如若自家互相吞併，倘曹兵乘虛而來，其勢危
矣。況劉玄德舊曾與曹操相厚，若逼得緊急，獻了城池，

一同攻打東吳，如之奈何？」

　　這些處所，顯得魯肅頗諳韜略。但後來見了玄德、孔明，就顯得魯肅是個寬仁長者了。

　　瑜曰：「吾等用計策，損兵馬，費錢糧，他去圖現成，豈不可恨！」肅曰：「公瑾且耐。容某親見玄德，將理來說他。若說不通，那時動兵未遲。」……茶罷，肅曰：「吾主吳侯，與都督公瑾，教某再三申意皇叔。前者，操引百萬之眾，名下江南，實欲來圖皇叔；幸得東吳殺退曹兵，救了皇叔，所有荊州九郡，合當歸於東吳。今皇叔用詭計，奪占荊、襄，使江東空費錢糧軍馬，而皇叔安受其利，恐於理未順。」孔明道：「子敬乃高明之士，何故亦出此言？常言道：物必歸主，荊、襄九郡非東吳之地，乃劉景升之基業。吾主固景升之弟也。景升雖亡，其子尚在。以叔輔姪，而取荊州，有何不可？」肅曰：「若果係公子劉琦占據，尚有可解；今公子在江夏，須不在這裏。」孔明曰：「子敬欲見公子乎？」便命左右請公子出來。只見兩侍者從屏風後扶出劉琦，琦謂肅曰：「病軀不能

施禮，子敬勿罪。」魯肅吃了一驚，默默無語。良久言曰：
「公子若不在，便如何？」孔明曰：「公子在一日，守一
日；若不在，別有商議。」肅曰：「若公子不在，須將城池
還我東吳。」孔明曰：「子敬之言是也。」

這裏頗可見出魯肅之忠厚處，「若果係公子劉琦占據，尚有
可解」，想不到劉琦就在荊州，於是「吃了一驚」，「默默無語」，
好個忠厚人的樣子。

後來劉琦病亡，魯肅借弔喪為名又來討荊州。

……置酒相待。肅曰：「前者皇叔有言：公子不在，即還荊
州。今公子已去世，必然見還。不識幾時可以交割？」玄
德曰：「公且飲酒，有一個商議。」肅強飲數盃，又開言相
問。玄德未及回答，孔明變色曰：「子敬好不通理！直須待
人開口！自我高皇帝斬蛇起義，開基立業，傳至於今，不
幸奸雄並起，各據一方，少不得天道好還，復歸正統。我
主乃中山靖王之後，孝景皇帝玄孫，今皇上之叔，豈不可
分茅裂土？況劉景升乃我主之兄也。弟承兄業，有何不順？
汝主乃錢塘小吏之子，素無功德於朝廷；今倚勢力，占據

六郡八十一州，尚自貪心不足，而欲併吞漢土。劉氏天下，我主姓劉倒無分，汝主姓孫反要強爭。且赤壁之戰，我主多負勤勞，眾將並皆用命，豈獨是汝東吳之力？若非我借東南風，周郎安能展半籌之功？江南一破，休說二喬置於銅雀宮，雖公等家小，亦不能保。適來我主人不即答應者，以子敬乃高明之士，不待細說。公何不察之甚也？」

一席話說得這個忠厚人緘口無言，可是肚子裏不免仍有點牢騷。

半晌乃曰：「孔明之言，怕不有理；爭奈魯肅身上甚是不便。」

我說你不過，不過你也要替我想想也。

肅曰：「昔日皇叔當陽受難時，是肅引孔明渡江，見我主公；後來周公瑾要興兵取荊州，又是肅擋住；至說待公子去世還荊州，又是肅擔承；今卻不應前言，教魯肅如何回覆？我主同周公瑾必然見罪。肅死不恨，只恐惹惱東吳，興動干戈，皇叔亦不能安坐荊州，空為天下恥笑耳。」

　　這個忠厚長者，現在的確顯得非常可憐，但也想用話來恐嚇恐嚇。

　　孔明曰：「若恐先生面上不好看，我勸主人立紙文書，暫借荊州為本，待我主別圖得城池之時，便交付還東吳。此論如何？」肅曰：「孔明待奪得何處，還我東吳？」孔明曰：「中原急未可圖；西川劉璋闇弱，我主將圖之。若圖得西川，那時便還。」肅無奈，只得聽從。玄德親筆寫成文書一紙，押了字。保人諸葛孔明也押了字。孔明曰：「亮是皇叔這裏人，難道自家作保？煩子敬先生也押個字，回見吳侯也好看。」肅曰：「某知皇叔乃仁義之人，必不相負。」遂押了字，收了文書。宴罷辭回。

　　「肅無奈，只得聽從」，好一副可憐樣子。這是忠厚人的特徵。更可憐的，或可說是更妙的，魯肅並且押了字，作了保人。口裏還說：「某知皇叔乃仁義之人，必不相負」。這也可說是魯肅的可愛之處。

　　第三次魯肅來討荊州，便是篇首所敘，魯肅見了玄德痛哭，一經孔明說明原委，魯肅只得應允善言回覆孫權。

　　後來周瑜要用假途滅虢之計，反上了孔明的當，以至氣急身亡。周瑜亡後，孔明親來柴桑口弔喪。孔明祭畢，「伏地大哭，淚如湧泉，哀慟不已」。魯肅見孔明如此悲切，亦為感傷，自思曰：「孔明自是多情，乃公瑾量窄，自取死耳。」公瑾地下有知，恐要歎息說：子敬子敬，你對國家大計，頗富韜略，獨何對人又這樣忠厚老實呢？

好漢陳公臺

世俗所稱好漢，下也者，吹鬍子，拍胸脯，不怕死，不怕法，論斤分金銀，論碗分酒肉。上也者，輕財重諾，仗義執言。而能於去就之間，取捨之分，死生之際，明辨卓識，從容不迫者，方可稱得上真正的好漢。

三國人物，稱得上世俗所謂好漢者，屈指難數；而真正夠好漢資格者，陳宮是最好的代表。

陳宮的故事在《演義》裏，起自第四回曹操謀殺董卓不果，逃至中牟，為守關軍士所獲，被陳宮識破，問明情由後，棄官從曹操出走，終於第十九回白門樓隨呂布兵敗就戮，中間而且隔著很多回僅片言隻字提到陳宮。故事很簡短，可是簡短的敘述中，一言一行，顯得陳宮是一位頂天立地的好漢。

當初曹操殺董卓不成，逃到中牟縣，為守關軍士所獲，擒見縣令

陳　宮

陳宮，陳宮熟視，認得是曹操，教且監下，便是有意要放曹操。
後來：

> 至夜分，縣令喚親隨人暗地取出曹操，直至後院中審究。
> 問曰：「我聞丞相（董卓）待汝不薄，何故自取其禍？」操
> 曰：「燕雀安知鴻鵠志哉？汝既拏住我，便當解去請賞，何
> 必多問！」縣令屏退左右，謂操曰：「汝休小覷我，我非俗
> 吏，奈未遇其主耳。」操曰：「吾祖宗世食漢祿，若不思報
> 國，與禽獸何異？吾屈身事卓者，欲乘間圖之，為國除害
> 耳。今事不成，乃天意也！」縣令曰：「孟德此行，將欲何
> 往？」操曰：「吾將歸鄉里，發矯詔，召天下諸侯興兵共誅
> 董卓，吾之願也。」縣令聞言，乃親釋其縛，扶之上坐，
> 再拜曰：「公真天下忠義之士也！」曹操亦拜，問縣令姓
> 名。縣令曰：「吾姓陳，名宮，字公臺。老母妻子，皆在東
> 郡。今感公忠義，願棄一官，從公而逃。」

只這一席話，陳宮明於取捨與去就之分，遂教棄官從操而
逃。

陳宮從曹操逃了三日，來到成皋地方，天色向晚。恰好有

曹操父執結義兄弟呂伯奢家在此處，於是二人來到莊上求宿。伯奢為了招待客人，囑付家人宰豬作食，自己騎驢到西村沽酒。卻不料廚房裏傳出來的磨刀聲音和人語聲「縛而殺之，何如？」引起了曹操的疑心，與陳宮二人一連殺了呂伯奢家男女八口，搜到廚下，卻見縛著一豬待殺，方知道是一場誤會。於是急忙上馬出莊，路上不巧又遇到呂伯奢沽酒回來。呂伯奢問曹操為何不宿而行，曹操起先是支吾不答，後來卻又騙殺了呂伯奢。因此：

宮大驚曰：「適纔誤耳，今何為也？」操曰：「伯奢到家，見殺死多人，安肯干休？若率眾來追，必遭其禍矣。」宮曰：「知而故殺，大不義也！」操曰：「寧教我負天下人，休教天下人負我。」陳宮默然。

這個默然，實在表示陳宮滿肚子的大不為然，可是又鑒於事情的陰錯陽差，曹操的一片為國，以及誤殺了伯奢家八口男女，待伯奢發現後可能的率眾來追，於是只好默然。當夜敲開客店投宿，餵飽了馬，曹操先睡。

> 陳宮尋思：「我將謂曹操是好人，棄官跟他；原來是個狠心之人！今日留下，必為後患。」便欲拔劍來殺曹操。……正欲下手殺曹操，忽轉念曰：「我為國家跟他到此，殺之不義。不若棄而他往。」插劍上馬，不等天明，自投東郡去了。

　　這個「棄而他往」更需要卓越的判別和無比的勇氣。換了一個匹夫之勇的人，拔劍殺了曹操，雖說稱快於一時，但當初棄官從操而逃的一念，又如何交待呢？真正好漢的行徑，應當是始終如一，只有陳宮當之無愧。

　　陳宮棄了曹操自投東郡，原該從此兩人天各一方，永無糾葛。卻不料冤家路狹，陳宮又輾轉投到呂布帳下。濮陽之戰不曾擒得曹操，卻反而後來在白門樓被曹操所擒，這一放（放曹操）一擒（被操所擒），才顯出陳宮是真正的好漢。

　　陳宮輔佐呂布，呂布絕少言聽計從。有一次陳宮勸呂布要防備陳珪父子，因為陳珪父子每當呂布宴客之際，必盛稱布德，「其心不可測，善防之」，呂布反怒叱陳宮：「汝無端獻讒，欲害好人耶？」陳宮「意欲棄布他往，卻又不忍」。這不忍是好漢之所以為好漢，決不是婦人之不忍，這是好漢加在自己身上沉重的負擔。陳宮可以棄曹操他往，因為陳宮與曹操只有數天同

逃之誼，可是陳宮不能棄呂布，因為陳宮輔佐呂布為時已久，棄之不義。這「不忍」的負擔，直到白門樓兵敗被擒方才解脫。

　　……徐晃解陳宮至。操曰：「公臺別來無恙？」宮曰：「汝心術不正，吾故棄汝！」操曰：「吾心不正，公又奈何獨事呂布？」宮曰：「布雖無謀，不似你詭詐奸險。」操曰：「公自謂足智多謀，今意何如？」宮顧呂布曰：「恨此人不從吾言！若從吾言，未必被擒也。」操曰：「今日之事當如何？」

　　看樣子曹操頗有意要招降陳宮，可是：

　　宮大聲曰：「今日有死而矣！」操曰：「公如是，奈公之老母妻子何？」

　　曹操有意招降陳宮於先，繼而指點陳宮於後。可是真正的好漢，死生之際，毫不含糊。輔佐呂布不言聽計從致被擒是一回事，老母妻子的安全是另一回事。陳宮說出一番話來，卻教曹操雖有意招降，而終於不得不起身泣送，後世讀《三國演義》者至此誰不為之掩卷歎息。

　　宮曰：「吾聞以孝治天下者，不害人之親；施仁政於天下
者，不絕人之祀。老母妻子之存亡，亦在於明公耳。吾身
既被擒，請即就戮，並無掛念。」操有留戀之意。宮逕步
下樓，左右牽之不住。操起身泣而送之，宮並不回顧。操
謂從者曰：「即送公臺老母妻子回許都養老，怠慢者斬。」
宮聞言亦不開口，伸頸就刑，眾皆下淚。

　　好漢類多是悲劇人物，悲劇往往是由人物秉賦與外界逆境
激盪而成。陳宮因為具有好漢秉賦，所以最初擒了曹操，又放
了曹操；後來發現曹操為人狠心，雖有可殺的機會，卻因殺之
不義，反轉而棄之他往。後來逆境橫來，輔佐的卻是一個既無
謀又不採納忠言的呂布，處此逆境，若不是好漢秉賦，早可棄
而之他，可是終因「不忍」一念，一再因循，終而至於在白門
樓隨呂布被曹操所擒。可是曹操念昔日放他之恩，又見陳宮頗
有謀略，有意指點生路，卻被陳宮一片正言所拒。非不欲生也，
義不能生耳。此正是悲劇人物基於秉賦又遇到逆境時不得不然
的結果。

天真高傲關雲長

世所傳關雲長乃是一位具天神之威,凜不可犯,肝膽照人,義重如山的武聖。他的威望,使他位居五虎將之首;他的忠義贏得玄德為他誓師伐吳;他的武藝和氣度復贏得曹操的一再想法留他。可是細讀《三國演義》,關雲長卻是一位既天真而又秉性高傲的人物。

三國時代叱咤風雲的人物,奸詐陰險,忠義激烈,粗魯頑強,以至仁厚寬大,瀟灑出塵,各色人等俱全。可是要尋覓個把天真的人,卻如鳳毛麟角,天真而又高傲的人只有雲長。

雲長的天真,最初見之於第二十回曹操請獻帝許田打圍,曹操討了獻帝弓箭,射中一鹿,群臣見了天子用的箭,

> 只道天子射中,都踴躍向帝呼萬歲。曹操縱馬直出,遮於天子之前以迎受之,眾皆失色。

這時惱怒了玄德背後的雲長,提刀拍馬便出要斬曹操。如非玄德搖手送目示意,可能真如玄德所說:

「投鼠忌器。操與帝相離只一馬頭，其心腹之人，周迴擁侍，吾弟若逞一時之怒，輕有舉動，倘事不成，有傷天子，罪反坐我等矣！」

可是雲長最天真的表現，莫如下邳被襲，退屯土山時，張遼來勸投降，他所提出的三個條件。

遼曰：「今四面皆曹公之兵，兄若不降，則必死！徒死無益，不若且降曹公，卻打聽劉使君音信，如在何處，即往投之。一者可以保二夫人，二者不背桃園之約，三者可留有用之身；有此三便，兄宜詳之。」

關羽

公（雲長）曰：「兄言三便，吾有三約。若丞相能從我，即當卸甲；如其不允，吾寧受三罪而死。」遼曰：「丞相寬洪大量，何所不容？願聞三事。」公曰：「一者，吾與皇叔設誓，共扶漢室，吾今只降漢帝，不降曹操；二者，公二嫂處請給

皇叔俸祿贍，一應上下人等，皆不許到門；三者，但知劉
皇叔去向，不管千里萬里，便當辭去。三者缺一，斷不肯
降。望文遠急急回報。」

天下有條件的投降多的是，可是這樣的三個條件，只有天
真的人兒方才提得出。降漢不降曹，這大大掃了曹操的面子，
雖然實際是一樣。二嫂養贍，自不成問題，何用提出。至於一
知玄德去向，便要辭去，這還成什麼投降？可是天真的雲長不
自知其天真，鄭重其事地一一提出。幸而碰到的對方是世之奸
雄曹操，一一接納，而且一一做到。

雲長投降之後，還不放心，先是說：「文遠代稟三事，蒙丞
相應允，諒不食言。」又說：「關某若知皇叔所在，雖蹈水火，
必往從之。是時恐不及拜辭，伏乞見原。」

天真的人方才有這些天真的話。天真的事兒多著呢！

一日，操見關公所穿綠錦戰袍已舊，即度其身品，取異錦
作戰袍一領相贈。關公受之，穿於衣底，上仍用舊袍罩之。
操笑曰：「雲長何如此之儉乎？」公曰：「某非儉也。舊袍
乃劉皇叔所賜，某穿之如見兄面，不敢以丞相之新賜而忘

兄長之舊賜，故穿於上。」操歎曰：「真義士也！」

只有天真的人才肯將心事對外人，尤其是對曾為敵人的外人和盤托出。

曹操請雲長赴宴：

頻以酒相勸。公醉，自綽其髯而言曰：「生不能報國家，而背其兄，徒為人也！」

曹操見他馬瘦，送了一匹呂布所騎的赤兔馬。

關公再拜稱謝。操不悅曰：「吾累送美女金帛，公未嘗下拜；今吾贈馬，乃喜而再拜，何賤人而貴畜耶？」關公曰：「吾知此馬日行千里，今幸得之，若知兄長下落，可一日而見面矣！」

曹操聽了大不高興，告訴張遼，張遼來探情，他便說：

「深感丞相厚意，只是吾身雖在此，心念皇叔，未嘗去

懷。」遼曰：「兄言差矣，處世不分輕重，非丈夫也。玄德
待兄，未必過於丞相，兄何故只懷去志？」公曰：「吾固知
曹公待吾甚厚，奈吾受劉皇叔厚恩，誓以共死，不可背之。
吾終不留此。要必立效以報曹公，然後去耳。」遼曰：「倘
玄德已去世，公何所歸乎？」公曰：「願從於地下。」

　　雲長匹馬斬顏良、文醜的故事，一方面顯得雲長的天真，
同時也看出雲長的高傲氣質。雲長之斬顏良文醜，目的是想早
日立功，以便辭去，卻並未想到玄德兵敗未死的話，最可能投
靠之處便是袁紹。天真往往迷失了客觀的思考。
　　再看曹操因顏良勇不可當，請雲長商議：

曹操指山下顏良排的陣勢，旗幟鮮明，槍刀森布，嚴整有
威，乃謂關公曰：「河北人馬，如此雄壯！」關公曰：「以
吾觀之，如土雞瓦犬耳！」操又指曰：「麾蓋之下，繡袍金
甲，持刀立馬者，乃顏良也。」關公舉目一望，謂操曰：
「吾觀顏良，如插標賣首耳。」操曰：「未可輕視。」關公
起身曰：「某雖不才，願去萬軍中取其首級，來獻丞相。」

果然馬到成功。

雲長的高傲並不是沒有來由的。他天生有高傲的氣質，他又是武藝超群，他並兼通經史，而且環境也迫得他非高傲不可。

高傲的人往往傲上而不忍下。因為高傲的人自視比人高一等，不屑與比他低一等的人較量或周旋。華容道雲長義釋曹操，與其說雲長念舊恩而放曹操，不如說他不忍下手更為確當。且看：

> ……又見曹軍惶惶皆欲垂淚，越發心中不忍。於是把馬頭勒回，謂眾軍曰：「四散擺開！」這個分明是放曹操意思。操見雲長回馬，便和眾將衝過去。雲長回身時，曹操已與眾將過去了。雲長大喝一聲，眾軍皆下馬，哭拜於地。雲長愈加不忍。正猶豫間，張遼驟馬而至，雲長見了，又動故舊之情；長歎一聲，並皆放去。

曹軍的惶惶欲淚，以及後來的下馬哭拜，其對雲長的影響遠比曹操的厚恩為重，而張遼的驟馬而至，一付兵敗落荒而逃的可憐相，足使高傲的雲長不屑與之一較。

孔明是最知雲長的人，為了馬超名在五虎將之列，心中老大不高興，要離荊州入川與馬超比個高下。荊州安全就要發生

問題。孔明就寫信給雲長：

> 亮聞將軍欲與孟起分別高下。以亮度之，孟起雖雄烈過人，不過黥布、彭越之徒耳；當與翼德並驅爭先，猶未及美髯公之絕倫超群也。今公受任守荊州，不為不重；倘一入川，若荊州有失，罪莫大焉。惟冀明照。

幾句話熨平了一個高傲人的心，於是：

> 雲長看畢，自綽其髯笑曰：「孔明真知我心也！」將書遍示賓客，遂無入川之意。

孫權為了要討回荊州，用了張昭之計，假意執下諸葛瑾一家老小，卻教諸葛瑾去見孔明懇求玄德歸還。玄德勉強肯了，待到荊州見雲長要辦交割，雲長不肯，前去長沙、零陵、桂陽接收的人亦都被趕回。於是孫權責罵魯肅，因為當初借荊州給玄德是魯肅做保的。魯肅急了迫得這個寬仁長者亦不得不施用絕法兒，請雲長赴會。可說則說之，不可說則伏下刀斧手殺之，不來則起兵攻之。請柬呈上雲長，毫不遲疑，雲長就答應了。

雲長看書畢，謂來人曰：「既子敬相請，我明日便來赴會。汝可先回。」使者辭去。關平曰：「魯肅相邀，必無好意，父親何故許之？」雲長笑曰：「吾豈不知耶？此是諸葛瑾回報孫權，說吾不肯還三郡，故令魯肅屯兵陸口，邀我赴會，便索荊州。吾若不往，道吾怯矣。吾來日獨駕小舟，只用親隨十餘人，單刀赴會，看魯肅如何近我？」平諫曰：「父親奈何以萬金之軀，親蹈虎狼之穴？恐非所以重伯父之寄託也！」雲長曰：「吾於千鎗萬刀之中，矢石交攻之際，匹馬縱橫，如入無人之境，豈憂江東群鼠乎？」

第二天帶了周倉及八九個關西大漢，果然駕了小舟來赴會。

……接入亭內。敘禮畢，入席飲酒，舉盃相勸。（魯肅）不敢仰視。雲長談笑自若。

酒至半酣，魯肅就提出要索回荊州，雲長不肯。三言兩語惱了周倉。

周倉在階下厲聲言曰：「天下土地，惟有德者居之。豈獨是

汝東吳當有耶？」雲長變色而起，奪周倉所捧大刀，立於庭中，目視周倉而叱曰：「此國家之事，汝何敢多言！可速去！」……雲長右手提刀，左手挽住魯肅手，佯推醉曰：「公今請吾赴宴，莫提起荊州之事。吾今已醉，恐傷故舊之情。他日令人請公到荊州赴會，另作商議。」魯肅魂不附體，被雲長扯至江邊……肅如癡似呆，看關公船已乘風而去。

看雲長單刀隻船而來，杯酒應酬之後，又單刀隻船而去，直把意料中埋伏的刀斧手看成無物，這是高傲人的作風。後世讀《三國演義》者至此，誰不為之讚歎。

孫權未討回荊州，豈肯罷手。恰好曹操派人來東吳說孫權共攻玄德。孫權將計就計，再使諸葛瑾過江來為孫權求親。求親而成則與雲長計議共破曹操；不肯，然後助曹取荊州。這是戰略上重大的關鍵，需要慎重的考慮。可是高傲的人帶著一副有色眼鏡，看法就不同了。且看諸葛瑾到荊州後：

關羽單刀赴會

入城見雲長禮畢。雲長曰:「子瑜此來何意?」瑾曰:「特來求結兩家之好。吾主吳侯有一子,甚聰明。聞將軍有一女,特來求親。兩家結好,併力破曹。此誠美事,請君侯思之。」雲長勃然大怒曰:「吾虎女安肯嫁犬子乎!不看汝弟之面,立斬汝首!再休多言!」遂喚左右逐出。

這可說是高傲人最徹底的表現。江東鼠輩,不自度量,居然敢向我求親,豈不氣死人也!這時雲長早忘了孔明去川前在荊州移交時的贈言:「北拒曹操,東和孫權。」

天真高傲的人碰到世之奸雄如曹操者不一定吃虧。曹操最會欣賞他的天真和高傲,而不利用他的弱點。可是碰到對方沒有這種欣賞力,如陸遜,呂蒙之輩,最會利用他的弱點:卑辭厚禮以驕其心,疏其防,然後乘隙而入,襲取荊州。且看陸遜如何教呂蒙取荊州之計:

陸遜曰:「雲長倚恃英雄,自料無敵,所慮者惟將軍耳。將軍乘此機會,託疾辭職,以陸口之任讓之他人,使他人卑辭讚美關公以驕其心,彼必盡撤荊州之兵,以向樊城;若荊州無備,用一旅之師,別出奇計以襲之,則荊州在掌握

之中矣。」

後來呂蒙託病辭職，調回建業，由陸遜代任。陸遜到任後，即備名馬異錦酒禮等物，遣使齎赴樊城來見雲長。

……關公召入，指來使而言曰：「仲謀見識短淺，用此孺子為將！」來使伏地告曰：「陸將軍呈書備禮，一來與君侯作賀（雲長剛拔襄陽），二來求兩家和好，幸乞笑留。」公拆書視之，書詞極其卑謹。關公閱畢，仰面大笑，令左右收了禮物，發付使者回去。使者回見陸遜曰：「關公欣喜，無復有憂江東之意。」

雲長果然盡撤荊州之兵，以向樊城。接著呂蒙白衣（假扮商人）渡江，輕取荊州。同時雲長在樊城前線失利，再回頭來取荊州，又一敗再敗，最後敗走麥城，終於被擒就義。

雲長的一生，可說是以天真高傲起，亦以天真高傲終。

小淘氣張翼德

　　燕人張翼德，倒豎虎鬚，圓睜環眼，手綽丈八蛇矛，立馬長坂橋上，對百萬曹操大軍，大叫曰「我乃燕人張翼德也，誰敢與我決一死戰？」聲如巨雷，嚇得曹操身邊夏侯傑肝膽碎裂，倒撞於馬下。曹操也慌了，回馬便走，霎時間曹操百萬大軍望西而逃，一時棄槍落盔者，不計其數。可見張飛之威，威不可言。世稱張飛為猛張飛，確有所據。

　　張飛固然威則威矣，可是如將張飛心裏作一剖解，則張飛在其威猛的外表裏面，卻藏著一顆與小兒一樣的心，而且是一頑劣不肯聽話小淘氣的心。此話怎講，且看事實：

張　飛

　　呂布被曹操殺敗，來投玄德，玄德設宴款待。次日，呂布回請玄德。半酣，布請玄德入後堂，令妻女出拜。玄德再三謙讓。呂布稱：「賢弟不必推讓。」張飛聽了，「嗔目大叱曰：『我哥哥是金枝玉葉。你

是何等人，敢稱我哥哥為賢弟！你來！我和你鬪三百合！』」雖
經玄德喝住，但當呂布送玄德出門時，他又躍馬橫槍而來，大
叫「呂布，我和你鬪三百合」。這豈不是頑劣不聽話的小淘氣？

呂布既投玄德，曹操恐他們二人同心引兵來犯，於是施行
離間計，密書與玄德，教殺呂布，表面上是詔命玄德實授為徐
州牧。次日呂布來賀，只見張飛扯劍上廳，要殺呂布，呂布大
驚，「翼德何故只要殺我？」張飛大叫「曹操道你是無義之人，
教我哥哥殺你！」這是小兒心直口快的行當。

曹操見玄德不肯殺呂布，又假詔教他去討袁術。玄德明知
是計，卻是王命不可違，點起軍馬，剋日起程。可是玄德一去，
守徐州城就成問題。雲長本可守城，可是玄德早晚要與議事，
不可分離。只有輪到張飛了。

張飛曰：「小弟願守此城。」玄德曰：「你守不得此城。你
一者酒後剛強，鞭撻士卒；二者作事輕易，不從人諫。吾
不放心。」張飛曰：「弟自今以後，不飲酒，不打軍士，諸
般聽人勸諫便了。」糜竺曰：「只恐口不應心。」飛怒曰：
「吾跟哥哥多年，未嘗失信，你如何輕料我！」玄德曰：
「弟言雖如此，吾終不放心。還請陳元龍輔之，早晚令其

少飲酒，勿致失事。」陳登應諾。

好像這回不頑皮淘氣了。

卻說張飛自送玄德起身後，一應雜事，俱付陳元龍管理；軍機大務，自家斟酌。一日，設宴請各官赴席。眾人坐定，張飛開言曰：「我兄臨去時，吩咐我少飲酒，恐致失事。眾官今日盡此一醉，明日都各戒酒，幫我守城。今日卻都要滿飲。」

這是頑皮小兒自說自話。

言罷，起身與眾官把盞。酒至曹豹面前，豹曰：「我從天戒，不飲酒。」飛曰：「廝殺漢，如何不飲酒？我要你吃一盞。」

這是頑皮小兒口吻。

豹懼怕，只得飲一杯。張飛把遍百官，自斟巨觥，連飲了幾十杯，不覺大醉，卻又起身與眾官把盞。酒至曹豹。豹

曰：「某實不能飲矣。」飛曰：「汝恰纔吃了，如今為何推卻？」豹再三不飲，飛醉後使酒，便發怒曰：「你違我將令，該打一百！」便喝軍士搴下。

人家不能喝酒，他卻說是違他將令。這是那一門的將令？

陳元龍曰：「玄德公臨去時，吩咐你甚來？」飛曰：「你文官，只管文官事，休來管我！」

頑劣小兒往往強詞奪理，張飛正是這樣。

曹豹無奈，只得告求曰：「翼德公，看我女婿之面，且恕我罷。」飛曰：「你女婿是誰？」豹曰：「呂布是也。」飛大怒曰：「我本不欲打你，你把呂布來嚇我，我偏要打你！我打你，便是打呂布！」諸人勸不住。將曹豹鞭至五十，眾人苦苦告饒，方止。

「你把呂布來嚇我，我偏要打你！我打你，便是打呂布！」這是頑劣小兒有力作威福時的神氣。

　　曹豹懷恨，乘張飛酒醉，約呂布夜襲，徐州就此失掉。此後玄德只好暫住小沛。玄德缺少馬匹，叫人四下收買，卻不料張飛偷盜了呂布的馬。呂布來問話「你便使張飛奪了我好馬一百五十匹，尚自抵賴！」張飛挺槍出馬曰：「是我奪了你馬，你今待怎樣？」這豈只頑劣，有點無賴了。不過這也許是對呂布報復的原故。

　　玄德訪孔明兩次不遇，欲再訪之，關張二人卻不謂然。張飛就說：

　　「哥哥差矣。量此村夫，何足為大賢？今番不須哥哥去；他如不來，我只用一條麻繩縛將來！」

　　真虧他想得出來。

　　說好說歹，總算都願跟隨玄德前去隆中。來到草堂，又值孔明午睡。

　　玄德拱立階下。半晌，先生未醒。關、張在外立久，不見動靜，入見玄德，猶然侍立。張飛大怒，謂雲長曰：「這先生如何傲慢！見我哥哥侍立階下，他竟高臥，推睡不起！

等我去屋後放一把火，看他起不起！」雲長再三勸住。玄
德仍命二人出門外等候。

　　張飛真可謂頑劣透頂，居然想放一把火催孔明起來，他卻
不知道孔明善用火攻，真是班門弄斧了。
　　玄德暫待新野，不久夏侯惇引兵十萬殺奔新野。這是孔明
出山後第一次遇到的戰事，孔明才能究竟如何，尚未表現。但
玄德待以師禮，且說：「吾得孔明，猶魚之得水。」關張二人心
裏早已不服。這番張飛抓住機會，要施報復：

張飛聞知，謂雲長曰：「可著孔明前去迎敵便了。」正說之
間，玄德召二人入，謂曰：「夏侯惇引兵到來，如何迎
敵？」張飛曰：「哥哥何不使水去？」

　　這是十足的一個頑皮小兒神態。
　　孔明發佈軍令以後：

雲長曰：「我等皆出迎敵，未審軍師卻作何事？」孔明曰：
「我只坐守此城。」張飛大笑曰：「我們都去廝殺，你卻在

家坐地，好自在！」

不趁此時損你幾句，更待何時？頑童心情，大率類此。

頑童也並不一定老是鬧彆扭，要緊關頭，他也會想出窮辦法來。張飛在長坂橋上便是此時的頑童。

見橋東有一帶樹木，飛生一計，教所從二十餘騎，都砍下樹枝，拴在馬尾上，在樹林內往來馳騁，沖起塵土，以為疑兵。飛卻親自橫矛立馬於橋上，向西而望。

這一著張飛救了玄德一班人，待曹操追至，見飛一人怒目橫矛，後面塵土飛揚，正不知埋伏了好多兵，就匆匆退去。

張飛見曹軍退去，急教二十餘騎解去馬尾樹枝，拆斷橋樑，回馬來見玄德。意思是來報功，卻不料被玄德潑了冷水：

玄德曰：「若不斷橋，彼恐有埋伏，不敢進兵；今折斷了橋，彼料我無軍而怯，必來追趕。彼有百萬之眾，雖涉江漢，可填而過，豈懼一橋之斷耶？」

　　頑童畢竟是頑童，他沒有想到那麼遠，那麼深。

　　頑童見到有真才實學的人，他也會抹去頑童面目，顯出出自衷心的欽佩。第一次是孔明在博望坡用火攻敗了夏侯惇，第二次是在來陽縣見到龐士元半日內斷畢百餘日的積案。

　　飛大驚，下席謝曰：「先生大才，小子失敬。吾當於兄長處極力舉薦。」統乃將出魯肅薦書。飛曰：「先生初見吾兄，何不將出？」統曰：「若便將出，似乎專藉薦書來干謁矣。」飛顧謂孫乾曰：「非公則失一大賢也。」

　　張飛的頑童氣質，日久磨鍊，後來漸漸改觀，義釋嚴顏，便是很好的例子。巴郡守將嚴顏見張飛來犯，深溝高壘，不出來應戰，急得張飛毫無辦法。後來心生一計：

　　傳令教軍士四散砍打柴草，尋覓路徑，不來搦戰。嚴顏在城中，連日不見張飛動靜，心中疑惑，著十數個小軍，扮作張飛砍柴的軍士，潛地出城，雜在軍內，入山中探聽。當日諸軍回寨，張飛坐在寨中，頓足大罵：「嚴顏老匹夫枉氣殺我！」只見帳前三四個人說道：「將軍不須心焦，這幾

日打探得有一條小路，可以偷過巴郡。」張飛故意大叫曰：「既有這個去處，何不早來說？」眾應曰：「這幾日卻纔哨探得。」張飛曰：「事不宜遲，只今夜二更造飯，趁三更月明，拔寨都起，人啣枚，馬去鈴，悄悄而行。我自前面開路，汝等依次而行。」傳了令便滿寨告報。探細小軍，聽得這個消息，盡回城中來，報與嚴顏。顏大喜曰：「我算定這匹夫忍耐不得！你偷小路過去，須是糧草輜重在後；我截住後路，你如何得過？好無謀匹夫，中我之計！」即時傳令，教軍士準備赴敵：「今夜二更也造飯，三更出城，伏於樹木叢雜去處。只等張飛過咽喉小路去了，車仗來時，只聽鼓響，一齊殺出。」傳了號令，看看近夜，嚴顏全軍盡皆飽食，披掛停當，悄悄出城，四散伏住，只聽鼓響。嚴顏自引十數裨將，下馬伏於林中。約三更後，遙望見張飛親自在前，橫矛縱馬，悄悄引軍前進。去不得三四里，背後車仗人馬，陸續進發。嚴顏看得分曉，一齊擂鼓，四下伏兵盡起。正來搶奪車仗。背後一聲鑼響，一彪軍掩到，大喝。「老賊休走！我等的你恰好！」

來的正是張飛，剛纔過去的是假張飛。嚴顏見了舉手無措，

幾個回合，就被張飛生擒了。

群刀手把嚴顏推至。飛坐於廳上，嚴顏不肯跪下。飛怒目咬牙大叱曰：「大將到此，為何不降，而敢拒敵？」嚴顏全無懼色，回叱飛曰：「汝等無義，侵我州郡！但有斷頭將軍，無降將軍！」飛大怒，喝左右斬來。嚴顏喝曰：「賊匹夫！要砍便砍，何怒也？」張飛見嚴顏聲音雄壯，面不改色，乃回嗔作喜，下階喝退左右，親解其縛，取衣衣之，扶在正中高坐，低頭便拜曰：「適來言語冒瀆，幸勿見責。吾素知老將軍乃豪傑之士也！」嚴顏感其恩義，乃降。

　　張飛這時已不再是頑童了，他已能用計，知道辨識人。要使斷頭將軍誠心歸降，確是了不起的一件事，因為嚴顏所管，所到之處，盡由嚴顏喚出拜降，毫無阻擋，結果比孔明早到雒城。

　　這以後張飛又再用計假裝飲酒誘張部下山，擊敗張部，退守瓦口關。

　　張部退守瓦口關後，用誘敵埋伏計，殺了雷同，卻又想如法泡製，要賺張飛。張飛將計就計，使魏延截住張部伏兵，一面又放火燒山，煙迷途徑，兵不得出，張部大敗，死命殺開條

路，走至瓦口關，收聚殘兵，堅守不出。一連數日，張飛攻打關隘不下。

張飛後來發現男女百姓數人，各背小包，在山僻路上攀藤附葛而走，就想到了辦法。用好言酒食從百姓口中知道這條小路可通瓦口關背後。分付魏延引兵扣關，自己引輕騎出山後攻關後，張郃前後受敵，棄了瓦口關而逃。

張飛已是漸漸成熟，不再是使性鬧蟞扭的小淘氣了。可惜為時不久，因急兄仇迫人過急而終於遇害，時年五十五歲，可是始終或隱或顯藏著一顆小淘氣的心。

福將趙子龍？

常山趙子龍，一身是膽，而待人寬和，當年在當陽長坂坡出入曹操百萬軍中，斬曹將數十員，救得阿斗回來，此後保玄德入東吳成親，在三江口截回阿斗，隨孔明西入西川，再伐中原，身經百戰，戰無不勝，最後於孔明二次北伐前病重逝世，享壽七十餘歲，世稱福將。

趙雲是福將，然而僅只福將而已乎？

趙雲之稱為福將，勇敢忠心而外，半由趙雲為人，謹細明義，兩者合起來，纔使趙雲成為福將。

趙雲初事公孫瓚，公孫瓚不聽人言，兵敗自焚。袁紹幾次招雲，趙雲覺得袁紹非用人之人，始終未去，後來在臥牛山前重會玄德。

玄德曰：「吾初見子龍，便有留戀不捨之情。今幸得相遇。」雲曰：「雲奔走四方，擇主而事，未有如使君者。今得相隨，大稱平生。雖肝腦塗地，無恨矣！」

趙雲頗能識人，擇主而事。假如趙雲礙於情面，貿然去投

趙　雲

袁紹，其後果當可想見，雖天生有福氣，最多亦只全一條性命，無後來之功勳了。

　　趙雲之謹細，初見於保玄德至荊州代表劉表宴請各處守牧官吏，蔡瑁（劉表妻弟）想於宴中殺玄德。東、南、北三門均派軍把守，西門前有檀溪阻隔，無法跨越，不必把守。城內亦伏五百軍準備，並把玄德帶來的三百軍士遣歸館舍。

……玄德主席，二公子兩邊分坐，其餘各依次而坐。趙雲帶劍立於玄德之側。文聘、王威入請趙雲赴席，雲推辭不去。玄德令雲就席，雲勉強應命而出。

　　壞就壞在玄德叫趙雲去就席，否則就無事了。幸好三巡酒以後，伊籍暗示玄德速逃，並指示只有西門未有守軍，玄德即奔後園解下的盧馬飛奔出西門，躍過檀溪。趙雲隨後引軍出城來尋。

原來趙雲正飲酒間，忽見人馬動，急入內觀之，席上不見了玄德。雲大驚，出投館舍，聽得人說「蔡瑁引軍望西趕去了。」雲火急綽槍上馬，引著原帶來三百軍，奔出西門，正迎著蔡瑁，急問曰：「吾主何在？」瑁曰：「使君逃席而去，不知何往。」趙雲是謹細之人，不肯造次，即策馬前行；遙望大溪，別無去路，乃復回馬喝問蔡瑁曰：「汝請吾主赴宴，何故引著軍馬追來？」瑁曰：「九郡四十二州縣官僚俱在此，吾為上將，豈可不防護？」雲曰：「汝迫吾主何處去了？」瑁曰：「聞使君匹馬出西門，到此卻又不見。」雲驚疑不定，直來溪邊看時，只見隔岸一帶水跡。雲暗忖曰：「難道連馬跳過了溪去？」令三百軍四散觀望，並不見蹤跡。雲再回馬時，蔡瑁已入城去了。雲乃拏守門軍士追問，皆說劉使君飛馬出西門而去。雲再欲入城，又恐有埋伏，遂引軍歸新野。

　　雖然因自己應命就席，使玄德逃席，但事後喝問蔡瑁，溪邊察看，令軍士四散觀望，再拏問守門軍士，足見趙雲之謹細。

　　孔明最知趙雲謹細，所以許多重要的任務，都請趙雲擔任，孔明祭完東風後下壇回夏口，是教趙雲來接的。

……徐盛見前船無篷，只顧趕去。看看至近，趙雲拈弓搭箭，立於船尾大叫曰：「吾乃常山趙子龍也。奉令特來接軍師，你如何來追趕？本待一箭射死你來，顯得失了兩家和氣。教你知我手段！」言訖，箭到處，射斷徐盛船上篷索。那篷墜下落水，其船便橫。趙雲卻叫自己船上拽起滿帆，乘順風而去。其船如飛，追之不及。

謹細，能耐，而又顧全大局，除了趙雲，更有何人？

第二次趙雲的任務更為重大，因素更為複雜，時間亦拖得更長，那便是保玄德入東吳成親。玄德最初懷疑不敢前往，後經孔明定了三條錦囊妙計，並教趙雲行計，這才怏怏前去。

玄德到了南徐州，趙雲即開了第一個錦囊。依計教隨行五百軍士披紅掛綠，入南郡買辦物件，傳說玄德入贅東吳，教城中人盡知其事，又叫玄德往見喬國老，輾轉傳喜信給吳國太，纔有國太佛寺看新郎的一幕。

玄德內披細鎧，外穿錦袍，從人背劍緊隨，上馬投甘露寺來。趙雲全裝貫帶，引五百軍隨行。

趙雲謹慎於初。

國太見了玄德，極為中意，假戲變真，玄德成了嬌客。於是佛寺方丈中開宴慶賀。

少刻，子龍帶劍而入，立於玄德之側。國太問曰：「此是何人？」玄德答曰：「常山趙子龍也。」國太曰：「莫非當陽長坂抱阿斗者乎？」玄德曰：「然。」國太曰：「真將軍也！」遂賜以酒。趙雲謂玄德曰：「卻纔某於廊下巡視，見房內有刀斧手埋伏，必無好意。可告知國太。」

趙雲再謹細於次。

數日之後，玄德與孫夫人花燭洞房，假事成真。孫權懊惱之餘，繼以宮室，玩好及美色以迷其心志，果然玄德被聲色所迷，全不想回荊州。此時歲已年終，趙雲想起第二個錦囊妙計。拆開來看。於是假告玄德荊州危急，須急回去，並叫孫夫人聽到。夫妻二人商議之後，假推江邊祭祖，不告而去。待孫權發覺，已是第二天。即令陳武、潘璋無分晝夜，務要趕上拏回。周瑜那邊，早有人在陸路巡邏，看到玄德和孫夫人過來，即由徐盛、丁奉截住去路。真是前後均無去路。趙雲到此想起孔明

囑付的遇危難之時，可拆開第三個錦囊。看了之後，於是由玄德告訴孫夫人當初婚姻實情。夫人聽了大怒，捲起車簾，喝退徐盛、丁奉。教玄德先行，自與趙雲當後。等到蔣欽、周泰奉孫權令將劍去取玄德和孫夫人頭趕到時，玄德和孫夫人已來到劉郎浦，靠近荊州，沿江尋渡，一望江水瀰漫，並無船隻，玄德俯首沉吟。

趙雲曰：「主公在虎口中逃出，今已近本界，吾料軍師必有調度，何用憂疑？」

果然江岸邊一字兒排著拖篷船二十餘隻，裏面正等著孔明。趙雲不但謹細，而且善於推度事理。因為孔明既然給了三個錦囊妙計，到得最後自有安排。果然等到孫吳四將趕到，後來又是周瑜親率水軍來追時，這邊就掉船投北岸，棄船上岸而走，周瑜水軍上岸追時，雲長、黃忠、魏延左右殺來，吳兵大敗而逃。真是「周郎妙計安天下，陪了夫人又折兵」。孔明有妙計，尚需一個像趙雲的人來行計；換了別人，怕就有問題了。

趙雲不但謹細，而且擇善固執。當玄德攜民渡江之際，日行十餘里，趙雲保護老小，曹操大軍掩至，一陣衝殺，玄德與

趙雲及老小，彼此散失。趙雲自思：

主人將甘、糜二夫人，與小主人阿斗，託付在我身上；今
日軍中失散，有何面目去見主人？不如去決一死戰，好歹
要尋主母與小主人下落！

……回顧左右，只有三四十騎相隨。雲拍馬在亂軍中尋覓。
……正走之間，見一人臥在草中，視之乃簡雍也。雲急問
曰：「曾見兩位主母否？」雍曰：「二主母棄了車仗，抱阿
斗而走。」……著二卒扶護簡雍先去，報與主人：「我上天
入地，好歹尋主母與小主人來。如尋不見，死在沙場上
也！」說罷，拍馬望長坂坡而去。……只見一夥百姓，男
女數百人，相攜而走。雲大叫曰：「內中有甘夫人否？」夫
人在後面望見趙雲，放聲大哭。雲下馬插槍而泣曰：「使主
母失散，雲之罪也！糜夫人與小主人安在？」甘夫人曰：
「我與糜夫人被逐，棄了車仗，雜於百姓內步行，又撞見
一枝軍馬衝散。糜夫人與阿斗不知何往。我獨自逃生至
此。」……雲請甘夫人上馬，殺開條血路，直送至長坂坡。
……雲謂糜竺曰：「糜子仲保甘夫人先行，待我仍往尋覓糜
夫人與小主人去。」言罷，引數騎再回舊路。……雲插劍

提槍，復殺入重圍；回顧手下從騎，已沒一人，只剩得孤身。雲並無半點退心，只顧往來尋覓。但逢百姓，便問糜夫人消息。忽一人指曰：「夫人抱著孩兒，左腿上著了槍，行走不得，只在前面牆缺內坐地。」趙雲聽了，連忙追尋。只見一個人家，被火燒壞土牆，糜夫人抱著阿斗，坐於牆下枯井之傍啼哭。雲急下馬伏地而拜。夫人曰：「妾得見將軍，阿斗有命矣。望將軍可憐他父親飄蕩半世，只有這點骨血。將軍可護持此子，教他得見父面，妾死無恨！」雲曰：「夫人受難，雲之罪也。不必多言，請夫人上馬。雲自步行死戰，保夫人透出重圍。」糜夫人曰：「不可。將軍豈可無馬？此子全賴將軍保護。妾已重傷，死何足惜！望將軍速抱此子前去，勿以妾為累也。」雲曰：「喊聲將近，追兵已至，請夫人速速上馬。」糜夫人曰：「妾身委實難去，休得兩誤。」乃將阿斗遞與趙雲曰：「此子性命全在將軍身上。」趙雲三回五次，請夫人上馬，夫人只不肯上馬。四邊喊聲又起，雲厲聲曰：「夫人不聽吾言，追軍若至，為之奈何？」糜夫人乃棄阿斗於地，翻身投入枯井中而死。……趙雲見夫人已死，恐曹軍盜屍，便將土牆推倒，掩蓋枯井。掩訖，解開勒甲絛，放下掩心鏡，將阿斗抱護在懷，綽槍上馬。……

趙雲力戰四將，曹軍一齊擁至。雲乃拔青釭劍亂砍。手起
處，衣甲透過，血如湧泉。殺退眾軍將，直透重圍。

　　這種固執和決心，終於救了甘夫人和阿斗回來。假如僅是
福將，則當陽長坂坡救阿斗的故事，不會婦孺皆知了。怪不得
吳國太見到趙雲之後，要讚一聲：「真將軍也！」
　　趙雲不但謹細，固執，而且極有見地。

　　玄德欲報雲長遇害之仇，起兵東征，趙雲力諫：「國賊乃曹
操，非孫權也。今曹丕篡漢，神人共怒。陛下可早圖關中，
屯兵渭河上流，以討凶逆，則關東義士，必裹糧策馬以迎
王師；若舍魏以伐吳，兵勢一交，豈能驟解？願陛下察
之。」先主曰：「孫權害了朕弟；又兼傅士仁、糜芳、潘
璋、馬忠，皆有切齒之讎，啖其肉而滅其族，方雪朕恨。
卿何阻耶？」雲曰：「漢賊之讎，公也；兄弟之讎，私也。
願以天下為重。」先主答曰：「朕不為弟報讎，雖有萬里江
山，何足為貴？」遂不聽趙雲之諫，下令起兵伐吳。

　　趙子龍如僅稱為福將，恐將抹殺了他許多的傑出之點也。

生不逢辰姜伯約

　　姜維在《三國演義》上於第九十二回才開始出現。那時諸葛孔明初次伐魏，兵圍南安，困住夏侯楙，卻是攻打不下。南安附近有天水和安定，卻比南安更為重要，如取下天水和安定，南安只是囊中之物。於是孔明著人冒充夏侯楙帳下心腹裴緒往安定郡來，請太守崔諒星夜派兵去救，等到崔諒兵離安定，魏延扮作安定軍賣夜賺開城門，得了安定。這個假裴緒又如法泡製，到天水郡來賺太守馬遵。

　　馬遵正疑慮間，忽報夏侯駙馬差心腹將裴緒到。緒入府，取公文付馬遵，說：「都督求安定、天水兩郡之兵，星夜救應。」言訖，匆匆而去。次日又有報馬到，稱說：「安定兵已先去了，教太守火速前來會合。」馬遵正欲起兵，忽一人自外而入曰：「太守中諸葛亮之計矣！」眾視之，乃天水，冀人也，姓姜名維，字伯約。

　　姜維說馬遵中了孔明之計，何所見而云然呢？

當日姜維謂馬遵曰：「近聞諸葛亮殺敗夏侯楙，困於南安，水泄不通，安得有人自重圍之中而出？又且裴緒乃無名下將，從不曾見；況安定報馬，又無公文；以此察之，此人乃蜀將詐稱魏將。賺得太守出城，料城中無備，必然暗伏一軍於左近，乘虛而取天水也。」馬遵大悟曰：「非伯約之言，則誤中奸計矣！」

姜維一出，就不同凡響。

姜維既識破孔明之計，他就將計就計。

姜維獻計（於馬遵）曰：「諸葛亮必伏兵於郡後，賺我兵出城，乘虛襲我。某願請精兵三千，伏於要路。太守隨後發兵出城，不可遠去，止行三十里便回；但看火起為號，前後夾攻，可獲大勝。如諸葛亮自來，必為某所擒矣。」

果然孔明中了姜維之計。幸虧來的是趙雲，不是孔明自己，孔明一驚之下，遂起大軍前來，不出姜維所料。

姜維回見馬遵曰：「趙雲敗去，孔明必然自來。彼料我軍必

在城中。可將本部軍馬，分為四枝。某引一軍伏於城東，
如彼兵到則截之。太守與梁虔、尹賞各引一軍伏於城外。
梁緒率百姓在城上守禦。」分撥已定。卻說孔明因慮姜維，
自為前部，望天水郡進發。……大軍迤到城下。因見城上
旗幟整齊，未敢輕攻。候至半夜，忽然四下火光沖天，喊
聲震地，正不知何處兵到。……回頭視之，正東上軍馬，
一帶火光，勢若長蛇。孔明令關興探視，回報曰：「此姜維
兵也。」孔明歎曰：「兵不在多，在人之調遣耳。此人真將
才也！」

姜　維

孔明對姜維亦非常欣賞，到
底用離間之計，迫降了姜維。

孔明慌忙下車而迎，執維手
曰：「吾自出茅廬以來，遍求
賢者，欲傳授平生所學，恨
未得其人。今遇伯約，吾願
足矣！」

　　在孔明眼中，姜維是真正的將才，可以傳授生平之學。所以於臨終前將所著二十四篇傳與姜維。

　　孔明去世以後，姜維曾用埋伏計誘魏軍來斷糧道，因得困司馬昭於鐵籠山。又列背水陣大敗魏兵於洮水，都是戰績輝煌的戰爭。後來姜維遇到了對手鄧艾，雖然吃了虧，但在祁山鬥陣上，姜維識破鄧艾賺他鬥陣法，卻別引一軍襲他後路，先在山後埋伏一軍，待到鄧艾引軍到來時，一聲砲響，鼓角喧天，伏兵殺得鄧艾身被四箭，捨命突出。後來鄧芝施行離間計，後主聽信讒言，召姜維回去，才得喘息。

　　待司馬昭弒了魏主曹髦，姜維又趁此出師伐魏。鄧艾用王瓘詐降計，卻被姜維識破，將計就計，殺了王瓘，鄧艾只剩得爬山越嶺而逃。

　　鄧艾逃脫，種下了來日的禍根。另一方面，後主聽信宦臣黃皓讒言，一日三道詔，宣姜維班師。姜維只得遵命。雖然是退兵，姜維處理得有條不紊。鄧艾在寨中，只聽得姜維寨中一夜鼓角喧天，不知何意。待到平明，蜀兵已退盡，止留空寨。鄧艾恐中計，不敢追襲。

　　姜維回到成都以後，一看黃皓勢頭不對，就聽郤正之言，乞隴西沓中屯田，麥熟助軍實，同時可以避禍。姜維暫得休息。

　　可是休息不久，司馬昭鑒於後主昏亂無度，就起滅蜀之心，派遣鄧艾和鍾會兩路大軍，前來西蜀入寇。姜維首當其衝，連戰不利，退守劍閣。卻不料鄧艾偷度陰平，繞過劍閣，直抵成都，雖有諸葛瞻父子死戰，卻不免於難，後主隨降，並詔姜維亦降。此時姜維已是夕陽無限好，只是近黃昏。部下諸將皆願死戰，於是姜維施詐降計，來到鍾會寨中請降，會待以上賓，維乘間說會曰：「聞將軍自淮南以來，算無遺策；司馬氏之盛，皆將軍之力；維故甘心俯首，如鄧士載，當與決一死戰，安肯降之乎？」

　　鍾會聽後，折箭為誓，與姜維結為兄弟，仍令照舊領兵。鄧艾那面則因勝利而驕縱，司馬昭已看出鄧艾反意，密令鍾會收他，自己又提大兵前來，卻非為鄧艾，只為鍾會耳。正是螳螂捕蟬，不知黃雀在後。

　　鄧艾被衛瓘（監軍）迅雷不及掩耳的手段擒住，解往洛陽。鍾會遂入成都，盡得鄧艾軍馬，威聲大驚。

　　乃謂姜維曰：「吾今日方趁平生之願矣！」維曰：「昔韓信不聽蒯通之說，而有未央宮之禍。大夫種不從范蠡於五湖，卒伏劍而死。斯二子者，其功名豈不赫然哉？徒以利害未

明，而見機之不早也。今公大勳已就，威震其主，何不泛
舟絕迹，登峨嵋之嶺，而從赤松子遊乎？」會笑曰：「君言
差矣。吾年未四旬，方思進取，豈能便效此退閒之事？」
維曰：「若不退閒，當早圖良策。此則明公智力所能，無煩
老夫之言矣！」會撫掌大笑曰：「伯約知吾心也。」

　　兩人由敵化友，計議起事，事成則得天下，不成則退西蜀。
於是假郭太后遺詔，迫諸將從命。可是諸將不服，會欲盡殺而
坑之，事機不密，卻被手下兵眾包圍，姜維又臨事忽然心疼，
昏倒在地，最後兩人均被殺。姜維復國巧計，終成泡影。

　　姜維當已知鍾會有異心時，密與後主書曰：「望陛下忍數日
之辱，維將使社稷危而復安，日月幽而復明，必不使漢室終滅
也！」可是天數悠悠，巧計不成，終以身殉。

　　姜維不僅是傑出的將才，而且忠心耿耿。假令早生二十年，
天下尚在紛爭之際，秉其奇才，用其忠心，則旌旗所指，戰無
不勝，攻無不克，豈讓周郎專美乎？吾故曰：姜伯約生不逢辰，
縱有奇才，遇到一個阿斗，亦終不免抱恨以終耳。

女傑貂蟬

　　三國戰亂之世，《演義》裏敘說的多是男人，女人只有伏皇后、董貴妃、糜夫人、甘夫人、孫夫人、吳國太、大小二喬、甄氏、蔡夫人、徐母和貂蟬而已。伏皇后和董貴妃，命運悲慘。糜夫人、甘夫人、甄氏、徐母和大小二喬，《演義》裏僅略略敘到。孫夫人好觀武事，頗具膽識。吳國太是好福氣老太君，有兒子孫策、孫權，女婿劉玄德，不知幾世修來。蔡夫人（劉表妻）是標準後母，只聽讒言，不納正言。只有貂蟬一人《演義》裏曾有較詳細敘述。後人讀了《演義》第八及第九回後，不禁要讚一聲：「貂蟬真女傑也！」

　　貂蟬是王司徒府中歌伎，「自幼選入府中，教以歌舞，年方二八，色技俱佳，允以親女待之。」王司徒與貂蟬，與其說是有主奴之分，毋寧說是有父女之情。假使主人非王司徒，貂蟬亦無從表現其為女傑了。

貂　蟬

　　王司徒自那天在筵席上看到董卓命呂布揪司空張溫下堂殺
了後，回家尋思，坐不安席。

　　至夜深月明，策杖步入後園。立於荼蘼架側，仰天垂淚。
忽聞有人在牡丹亭畔，長吁短歎。允潛步窺之，乃府中歌
伎貂蟬也。……允聽良久，喝曰：「賤人將有私情耶？」貂
蟬驚跪曰：「賤妾安敢有私？」允曰：「無私，何夜深長
歎？」蟬曰：「容妾伸肺腑之言。」允曰：「汝勿隱匿，當
實告我。」蟬曰：「妾蒙大人恩養，訓習歌舞，優禮相待，
妾雖粉身碎骨，莫報萬一。近見大人兩眉愁鎖，必有國家
大事，又不敢問。今晚又見行坐不安，因此長歎，不想為
大人窺見。倘有用妾之處，萬死不辭。」允以杖擊地曰：
「誰想漢天下卻在汝手中耶！隨我到畫閣中來。」

　　王允兩眉愁鎖，府中眾人都未加注意，只有貂蟬察覺，可
說王允不虛視貂蟬為親女了。而且貂蟬看出「必有國家大事」，
可見貂蟬更有慧心。王允然後極鄭重地說出他的計劃：

　　「賊臣董卓，將欲篡位，朝中文武，無計可施。董卓有一

義兒，姓呂，名布，驍勇異常。我看二人皆好色之徒，今欲用連環計，先將汝許嫁呂布，後獻董卓。汝於中取便，謀間他父子反顏，令布殺卓，以絕大惡，重扶社稷，再立江山，皆汝之力也。不知汝意若何？」貂蟬曰：「妾許大人萬死不辭，望即獻妾與彼，妾自有道理。」允曰：「事若洩漏，我滅門矣！」貂蟬曰：「大人勿憂。妾若不報大義，死於萬刃之下。」

「妾許大人萬死不辭」，「妾自有道理」，顯得貂蟬極具決心，且胸有成竹。

貂蟬既許用連環計，次日便著手進行。王允先送一頂明珠嵌金冠與呂布，引他前來致謝。然後飲宴之間，請出貂蟬把盞歡飲，教呂布親見貂蟬美色。等到酒酣耳熱之際，進一步許呂布將貂蟬送與作妾，但要待「早晚選一良辰，送至府中」。

再過數日，王允又請到董卓，飲宴之際，盛讚董卓功德，以安其心。然後畫燭高燒，獻上家伎，先舞後歌，繼以把盞，董卓一見顏色，讚不絕口「真神仙中人也！」神仙中人最好供在相府。並且事不宜遲，一輛氈車，就將貂蟬送去相府。王允的戲已告一段落，此後就要看貂蟬如何周旋於兩個色鬼之間，

教他們「父子」反顏。

　　王允送貂蟬與董卓，有些與越王句踐送西施與夫差相似。但西施只須應付夫差一人，貂蟬則須周旋於董卓與呂布之間，使命更比西施困難。可是貂蟬以其決心與智慧，雖中間難免波折，但終於順利地完成使命。

　　最初的波折，就發生在王允送貂蟬去後回家路上。有人報呂布說王允把氈車送貂蟬入相府，大驚，就等在半路上要向王允問一個明白。一經王允說明，「將軍原來不知。昨日太師在朝堂中，對老夫說：『我有一事，要到你家。』飲酒中間，他說：『我聞你有一女，名喚貂蟬，已許吾兒奉先，我恐你言未准，特來相求，並請一見。』老夫不敢有違，隨引貂蟬出拜公公。太師曰：『今日良辰，吾即當取此女回去，配與奉先。』將軍試思，太師親臨，老夫焉敢推阻？」

　　呂布就明白了：「布曰：『司徒少罪，布一時錯見，來日自當負荊。』」

　　呂布好像一隻螞蟻，先在王允府中嚐到了一點甜味，現在是在熱鍋上了。

　　次日，呂布在府中打聽，絕不聞音耗。布逕入中堂，尋問

諸侍妾。侍妾答曰：「夜來太師與新人共寢，至今未起。」
布大怒，潛入卓臥房後窺探。時貂蟬已起，於窗下梳頭，
忽見窗外池中現一人影，極長大，頭帶束髮冠，偷眼視之，
正是呂布。貂蟬故蹙雙眉，做憂愁不樂之態，復以香羅頻
拭眼淚。呂布窺視良久，乃出，少頃又入。卓已坐於中堂，
見布來，問曰：「外面無事乎？」布曰：「無事。」侍立卓
側。卓方食，布偷目竊望，見繡簾內一女子往來觀覦，微
露半面，以目送情，布知是貂蟬，神魂飄蕩。卓見布如此
光景，心中疑忌，曰：「奉先無事且退。」布怏怏而出。

　　王允的連環計，好像釀酒正慢慢在發酵，酵素是貂蟬的蹙
眉，不樂之態，拭眼淚，往來觀覦，微露半面，以目送情。
　　事情巧得很。董卓偶染小恙，這又給貂蟬加酵素的機會。

貂蟬衣不解帶，曲意逢迎，卓心愈喜。呂布入內問安，正
值卓睡，貂蟬於床後探半身望布，以手指心，又以手指董
卓，揮淚不止。布心如碎。卓朦朧雙目，見布注視床後，
目不轉睛；回身一看，見貂蟬立於床後，卓大怒，叱布曰：
「汝敢戲吾愛姬耶！」喚左右逐出。「今後不許入堂！」

　　酵素加進去，阻力亦漸漸增大，假如不是董卓和呂布色迷了心竅，很可能王允的連環計立被拆穿，無法奏效。

　　呂布於被叱之後，怒恨而歸，巧不巧路上遇到李儒，問明情由後，李儒就告訴董卓：

> 「太師欲取天下，何故以小過見責溫侯？倘彼心變，大事去矣。」……「來朝喚入，賜以金帛，好言慰之，自然無事。」

　　李儒此時尚未意識到這是王允的連環計，所以呂布的怒恨看得不甚嚴重。

　　酵素作用不因李儒的阻力中斷，而且事情演變，正如貂蟬所說「妾自有道理」。呂布「身雖在卓左右，心實繫念貂蟬」。到後來，決定性的「父子反顏」一幕來臨了。這一幕可說是貂蟬「妾自有道理」最佳的表現。

> 卓疾既愈，入朝議事，布執戟相隨。見卓與獻帝共談，便乘間提戟出內門，上馬逕投相府來；繫馬府前，提戟入後堂，尋見貂蟬。蟬曰：「汝可去後園中鳳儀亭邊等我。」布提戟逕往，立於亭下曲欄之旁。

　　要呂布在鳳儀亭邊等她相見，這是重要的一著。以後董卓知道了，可以使他相信，她之在鳳儀亭，是因為她先在後園中看花，後來被呂布趕過去的。

　　良久，貂蟬分花拂柳而來，果然如月宮仙子，泣謂布曰：「我雖非王司徒親女，然待之如己出。自見將軍，許侍箕帚，妾已生平願足。誰想太師起不良之心，將妾淫污。妾恨不即死，止因未與將軍一訣，故且忍辱偷生。今幸得見，妾願畢矣。此身已污，不得復事英雄，願死於君前，以明妾志！」言訖，手攀曲欄，望荷花池便跳。

　　「自見將軍，許侍箕帚，妾已生平願足」、「妾恨不即死，止因未與將軍一訣，故且忍辱偷生」，言詞纏綿悱惻，不由呂布不深信她愛的是自己。現在既然不成，在未訣別之前，且忍辱偷生；今幸得見，就可死於你前，以明真心。戲是演得非常逼真。

　　呂布慌忙抱住，泣曰：「我知汝心久矣。只恨不能共語！」
　　貂蟬手扯布曰：「妾今生不能與君為妻，願相期於來世。」

　　貂蟬更迫進了一步，逼出：「布曰：『我今生不能以汝為妻，非英雄也！』」似乎逼得不緊，於是再進一步：「蟬曰：『妾度日如年，願君憐而救之。』」可是呂布是個膿包：「布曰：『我今偷空而來，恐老賊見疑，必當速去。』」去了，戲就演不成了，於是：「蟬牽其衣曰：『君如此懼怕老賊，妾身無見天日之期矣！』」但膿包必竟是膿包：「布立住曰：『容我徐圖良策。』語罷，提戟欲去。」

　　於是貂蟬不得不損他了：

「妾在深閨，聞將軍之名，如雷灌耳，以為當世一人而已；誰想反受他人之制乎！」言訖，淚下如雨。布羞慚滿面，重復倚戟，回身摟抱貂蟬，用好言安慰。兩個偎偎倚倚，不忍相離。

　　目的達到了。約他來鳳儀亭，告訴他心願，逼他，損他，只是想兩個偎偎倚倚，好教董卓見到。

　　果然董卓見殿上不見呂布，就起疑心，慌忙趕回來，東尋西問，尋到後園，不見別的，只見兩人偎偎倚倚。不由怒從心上起，惡向膽邊生，大喝一聲，擲戟刺布。發酵作用業已完成，

現在只待王允來釀酒了。

　　可是事情發展並不如想像的順利。董卓想刺呂布，一擲未中，再擲時，布已走遠。路上碰到李儒，大叫太師殺我。李儒一見情形不妙，就來找董卓。

　　卓曰：「叵耐逆賊戲吾愛姬，誓必殺之。」儒曰：「恩相差矣。昔楚莊王絕纓之會，不究戲愛姬之蔣雄，後為秦兵所困，得其死力相救。今貂蟬不過一女子，而呂布乃太師心腹猛將也。太師若就此機會，以蟬賜布，布感大恩，必以死報太師。太師請自三思。」卓沉吟良久曰：「汝言亦是，我當思之。」

　　好險！王允的連環計，差一點被李儒破了。幸虧董卓是好色之徒。

　　董卓曰：「我今將汝賜與呂布，何如？」貂蟬大驚，哭曰：「妾身已事貴人，今忽欲下賜家奴，妾寧死不辱！」遂掣壁間寶劍欲自刎。

　　一看見貂蟬要掣劍自刎，董卓就慌了，將剛才李儒所說的忘得一乾二淨。

> 卓慌奪劍摟抱曰：「吾戲汝」，貂蟬倒於卓懷，掩面大哭曰：「此必李儒之計也！儒與布交厚，故設此計；卻不顧惜太師體面，與賤妾性命。妾當生噬其肉。」卓曰：「吾安忍捨汝耶？」蟬曰：「雖蒙太師憐愛，但恐此處不宜久居，必被呂布所害。」卓曰：「吾明日和你歸郿塢去，同受快樂，慎勿憂疑。」蟬方收淚拜謝。

　　可是李儒以為董卓既肯思之，一定肯聽之了。

> 次日，李儒入見曰：「今日良辰，可將貂蟬送與呂布。」卓曰：「布與我有父子之分，不便賜與。我只不究其罪。汝傳我意，以好言慰之，可也。」儒曰：「太師不可為婦人所惑。」卓變色曰：「汝之妻肯與呂布否？貂蟬之事，再勿多言，言則必斬！」

　　李儒鬥不過貂蟬，連環計奏了效。李儒只好仰天歎曰：「吾

等皆死於婦人之手矣！」

　　董卓即日下令還郿塢，呂布眼望車塵，歎惜痛恨。於是到了王允出來釀酒的時候了。

　　……布將前事一一告允，允仰面跌足，半晌不語；良久乃言曰：「不意太師作此禽獸之行！」因挽布手曰：「且到寒舍商議。」……允曰：「太師淫吾之女，奪將軍之妻，誠為天下恥笑。非笑太師，笑允與將軍耳！然允老邁無能之輩，不足為道；可惜將軍蓋世英雄，亦受此污辱也！」布怒氣沖天，拍案大叫。允急曰：「老夫失語，將軍息怒。」布曰：「誓當殺此老賊，以雪吾恥！」允急掩其口曰：「將軍勿言，恐累及老夫。」布曰：「大丈夫居天地間，豈能鬱鬱久居人下！」允曰：「以將軍之才，誠非董太師所可限制。」布曰：「吾欲殺老賊，奈是父子之情，恐惹後人議論。」

　　酒是釀得差不多了，只是還欠一點火候，王允不得不再加一些：

　　允微笑曰：「將軍自姓呂，太師自姓董。擲戟之時，豈有父

子情耶？」布奮然曰：「非司徒言，布幾自誤！」

　　結果呂布投到王允這邊，不是因為要興漢室，只是為了得不到貂蟬。得不到貂蟬，是因為貂蟬不讓他得到自己。這其間貂蟬表現得存心既非常堅定，而應變又非常機警。王允自從呂布口中獲悉一切後，雖然《演義》裏未嘗敘到，我想王允一定要掉鬚暗讚道：「吾以親女待貂蟬，確不負我，貂蟬真女傑也！」

謀士群像

　　三國戰亂之世，每個有實力的人，手下至少有一個謀士，多的數個，再多的幾十個。這些個謀士，有的是直接請來的，有的是輾轉介紹來的，有的是自己干謁的。謀士之間，各人才能固有天淵之別，氣質更千差萬殊，後來結果亦各有千秋。真如萬花齊放，姹紫嫣紅，繽紛耀目，蔚為奇觀，不可無評。

　　現在先開列各人手下重要的謀士名單一紙，以明一般。

　　董卓：李儒、李肅。

　　袁紹：逢紀、田豐、沮授、許攸（後投曹操）、審配、郭圖、辛毗。

　　劉表：蒯良。

　　呂布：陳宮。

　　曹操：荀彧、荀攸、許攸、程昱、郭嘉、劉曄、滿寵、賈詡、華歆、賈充。

　　劉備：麋竺、陳登、陳珪、徐庶、龐統。

　　孫權：張昭、顧雍、步騭、虞翻、張紘、呂範、諸葛瑾。

　　（謀士只以其所見，貢獻主帥，自己不能作主。所以孔明、周瑜、魯肅、陸遜、司馬懿等不算謀士，而孔明更有過於謀士

者，詳〈孔明篇〉）

在這些謀士中，才能較為傑出的有田豐、許攸、荀彧、郭嘉、賈詡、陳登、龐統等人（徐庶因為時短暫，未有表現）。現在且一一看看他們的見識和計謀。

先說田豐。當曹操欲攻徐州，玄德遣孫乾求救於袁紹時，孫乾先來見田豐，求其引進。

豐（謂袁紹）曰：「今曹操東征劉玄德，許昌空虛，若以義兵乘虛而入，上可以保天子，下可以救萬民。此不易得之機會也，惟明公裁之。」

可是不巧袁紹因幼子生病，心神恍惚，恐有不利，不肯發兵。

田豐以杖擊地曰：「遭此難遇之時，乃以嬰兒之病，失此機會，大事去矣！可痛惜哉！」

後來玄德敗投袁紹，袁紹欲興兵取許都，田豐又是另一種看法。

田豐諫曰：「前操攻徐州，許都空虛，不及此時進兵；今徐州已破，操兵方銳，未可輕敵。不如以久持之，待其有隙而後可動也。」

袁紹又不聽，田豐又諫：

「若不聽臣良言，出師不利。」

袁紹大怒，欲斬之，玄德力勸，總算將田豐囚於獄中。後來果然戰事不利（顏良、文醜被斬），退守武陽。

第二次袁紹又興兵望官渡進發，田豐在獄中上書又諫。袁紹又不聽，終有官渡之敗。袁紹後來頗有悔意：

「吾不聽田豐之言，兵敗將亡，今回去，有何面目見之耶！」

獄吏聞袁軍敗，

來見豐曰：「與別駕賀喜。」豐曰：「何喜可賀？」獄吏曰：「袁將軍大敗而回，君必見重矣！」豐笑曰：「吾今死

矣！」獄吏問曰：「人皆為君喜，君何言死也？」豐曰：
「袁將軍外寬而內忌，不念忠誠。若勝而喜，猶能赦我；
今戰敗則羞，吾不望生矣！」獄吏未信。忽使者齎劍至，
傳袁紹命，欲取田豐之首。獄吏方驚。豐曰：「吾固知必死
也。」

田豐確是具有真知灼見的人，可惜袁紹非其主也。

再說許攸。說得好聽一點，許攸是一個不甘寂寞的人；說
得不好聽一點，恰是一個賣主求榮的人。

曹操與袁紹戰於官渡，曹操軍糧告絕，遣使者往許昌教運
糧前來，使者被袁軍捉住，縛見許攸。許攸讀書後來見紹曰：

「曹操屯軍官渡，與我相持已久，許昌必空虛；若分一軍
星夜掩襲許昌，則許昌可拔，而曹操可擒也。今操糧草已
盡，正可乘此機會，兩路擊之。」

紹不聽其計，並因審配譖言，加以叱責。攸出，仰天歎曰：
「忠言逆耳，豎子不足與謀。」欲拔劍自刎。左右勸其既與曹

操有舊，何不棄暗投明。許攸即來投曹操。曹操問計，許攸即告以：

「袁紹軍糧輜重，盡積烏巢，今撥淳于瓊把守。瓊嗜酒無備，公可選精兵詐稱袁將蔣奇領兵到彼護糧，乘間燒其糧草輜重，則紹軍不三日將自亂矣！」

曹操用其計，果然燒了烏巢糧草，紹軍大敗。袁紹不久即死，三子爭權，各不相下，一一被曹操擊破，最後一個被擊破的是袁尚。袁尚敗後，謀士審配守冀州，曹操再用許攸決漳河以淹冀州之計，取了冀州。從此袁紹勢力永遠消滅，而許攸之出走與獻計出賣是重要的關鍵。許攸入冀州後，自恃功高，對許褚出言不遜，褚大怒，殺了許攸，結束了一個不甘寂寞且又賣主求榮的人。

荀彧初事袁紹，後投曹操。荀彧和田豐相似，是個戰略家。

曹操當玄德領徐州時，因父仇未報，大怒，欲攻徐州。荀彧諫曰：

「昔高祖保關中、光武據河內，皆深根固本，以正天下。
進足以勝敵，退足以堅守，故雖有困，終濟大業。明公本
首事兗州，河濟乃天下之要地，是亦昔之關中河內也。今
若取徐州，多留兵則不足用，少留兵則呂布乘虛寇之，是
無兗州也。若徐州不得，明公安所歸乎？今陶謙雖死，已
有劉備守之。徐州之民，既已服備，必助備死戰。明公棄
兗州而取徐州，是棄大而就小，去本而求末，以安而易危
也。願熟思之。」

荀彧對於基本的戰略考慮得
非常透徹。

獻帝自遭李傕、郭汜之亂，
歷盡艱險，終於還到洛陽。這時
荀彧就說曹操：

「昔晉文公納周襄王，而諸
　侯服從；漢高祖為義帝發喪，
　而天下歸心！今天子蒙塵，
　將軍誠因此時首倡義兵，奉

荀　彧

天子以從眾望，不世之略也。若不早圖，人將先我而為之矣！」

只這一段話，遂教曹操後來挾天子以令諸侯。荀彧確明乎不世之略也。

曹操既定大事，因呂布兵敗往投玄德，恐二人同心引兵來犯，問計於荀彧。荀彧就教曹操實授劉玄德為徐州牧，密書教殺呂布。事成則玄德無猛將為輔，事不成則呂布必殺玄德。這叫做二虎競食之計，被玄德識破，未殺呂布。後來荀彧又獻驅虎吞狼之計，欲使玄德與袁術火併，結果此計雖仍被玄德識破，但因「王命不可違也」，還是出兵去攻袁術，袁術未曾攻成，徐州卻被呂布襲了。弄得玄德走頭無路，最後來投曹操。荀彧就教曹操宜早圖之，否則後必有患。這和周瑜對孔明的看法完全一樣。

袁紹興兵，望官渡進發，來戰曹操。曹操初戰不利，又因糧少，不能久守，欲放棄官渡，退回許昌，遲疑未決，作書遣人赴許昌問荀彧，彧報以書曰：

「承尊命使決進退之疑，愚以袁紹悉眾聚於官渡，欲與明

公決勝負，公以至弱當至強，若不能制，必為所乘，是天
下之大機也。紹軍雖眾，而不能用；以公之神武明哲，何
向而不濟？今軍實雖少，未若楚、漢在滎陽、成皋間也。
公今畫地而守，扼其喉而使不能進，情見勢竭，必將有變。
此用奇之時，斷不可失。惟明公裁察焉。」

　　曹操遂聽荀彧之議，令將士效力死守，紹軍不得不退三十
里。後來情勢果然有變（許攸來投，並教曹操劫燒烏巢糧草），
曹操形勢陡見優轉。無怪曹操要說：「此吾之子房也！」荀彧後
來擔任留守，未有奇策。最後因阻操受魏公之尊，被曹操逼死。

　　但曹操最佩服的是郭嘉。
　　赤壁敗後，曹操一路落荒而逃，每經一險要之處，輒笑孔
明、周瑜無謀。最後逃了華容道之難，入南郡安歇，已到本界，
忽仰天大慟。

眾謀士曰：「丞相於虎窟中逃難之時，全無懼怯；今到城
中，人已得食，馬已得料，正須整頓軍馬復仇，何反痛
哭？」操曰：「吾哭郭奉孝耳！若奉孝在，決不使吾有此大

失也！」

　　也許是因為郭嘉已死，曹操是哭給眾謀士聽的。不過郭嘉未死之前，他所獻計謀，確有不少獨具卓見。

　　曹操為報父仇，來攻徐州，陶謙請得玄德來救，玄德先遺書於曹操，勸令解和，曹操大怒，欲斬來使。

　　郭嘉諫曰：「劉備遠來救援，先禮後兵，主公當用好言答之，以慢備心，然後進兵攻城，城可破也。」

　　此其一。曹操聽了郭嘉之諫，款留來使，候發回書，卻遇呂布已襲兗州，進據濮陽，曹操慌了，急忙退兵。行至泰山險路，郭嘉曰：「且不可進，恐此處有伏兵。」的確陳宮曾教呂布在此埋伏，呂布未聽罷了。此其二。

　　後來呂布用陳宮之計，由濮陽城中富戶田氏使人往曹操寨中下書，教曹操連夜進兵，裏應外合，誘之入城殺之，曹操中計，僅以身免。

　　操仰面笑曰：「誤中匹夫之計，吾必當報之。」

郭　嘉

郭嘉就說：「計可速發。」曹操懂得郭嘉意思，就說：「今只將計就計，詐言我被火傷，火毒攻發，五更已經身死，布必引兵來攻。我伏兵於馬陵山中，候其兵半渡而擊之，布可擒矣。」

呂布果然上了當，引兵來攻，將到操寨，伏兵四起，呂布死戰得脫。此其三。

玄德被呂布追迫，來投曹操。荀彧曾勸曹操及早圖之。曹操問郭嘉。

嘉曰：「不可。主公興義兵，為百姓除暴，惟仗信義以招俊傑，猶懼其不來也。今玄德素有英雄之名，以困窮而來投，若殺之，是害賢也。天下智謀之士，聞而自疑，將裹足不前，主公與誰定天下乎？夫除一人之患，以阻四海之望，安危之機，不可不察。」

荀彧看得近，郭嘉看得遠。此其四。

袁紹欲攻公孫瓚，致書曹操，欲借糧借兵，詞意驕傲。曹操問郭嘉：

「袁紹如此無狀，吾欲討之，恨力不及，如何？」嘉曰：
「劉項之不敵，公所知也。高祖惟智勝，項羽雖強，終為所擒。今紹有十敗，公有十勝；紹兵雖盛，不足懼也。紹繁禮多儀，公體任自然，此道勝也；紹以逆動，公以順率，此義勝也；桓靈以來，政失於寬，紹以寬濟，公以猛糾，此治勝也；紹外寬內忌，所任多親戚，公外簡內明，用人惟才，此度勝也；紹多謀少決，公得策輒行，此謀勝也；紹專收名譽，公以至誠待人，此德勝也；紹恤近忽遠，公慮無不周，此仁勝也；紹聽讒惑亂，公浸潤不行，此明勝也；紹是非混淆，公法度嚴明，此文勝也；紹好為虛勢，不知兵要，公以少克眾，用兵如神，此武勝也。公有此十勝，於以敗紹無難矣。」

雖說對曹操其中不免多有阿諛之詞，但對袁紹，卻十分中肯。曹操謀士之中，尚未有如郭嘉那樣清楚分析比較過的。此

其五。

　　郭嘉繼十勝十敗之說以後，即告曹操：

「徐州呂布，實心腹大患。今紹北征公孫瓚，我當乘其遠
出，先取呂布，掃除東南，然後圖紹，乃為上計。否則我
方攻紹，布必乘虛來犯許都，為害不淺也。」

　　就因郭嘉一說，呂布終於在白門樓遭擒，曹操永無後顧之
憂。利用時機，各個擊破，荀彧等謀士，均未見及。此其六。
　　郭嘉享年不壽，死時僅三十八歲。死前有書留交曹操。書
曰：

「今聞袁熙、袁尚，投往遼東，明公切不可加兵。公孫康
久畏袁氏吞併，二袁往投必疑。若以兵擊之，必併力迎敵，
急不可下！若緩之，公孫康、袁氏必自相圖，其勢然也。」

　　後來曹操按兵不動，不數日，公孫康果遣人送二袁首級到
來。所以曹操祭郭嘉後，大哭曰：「奉孝死乃天喪吾也！」
　　郭嘉如不中年夭折，赤壁之戰，恐怕又不同了。

賈詡先事李傕、郭汜，後投曹操。

董卓敗亡後，李傕、郭汜、張濟、樊稠四人逃居陝西，使人至長安上表求赦。王允不允。李傕曰：「求赦不得，各自逃生可也。」賈詡這時指點他們道：

「諸君若棄軍單行，則一亭長能縛君矣。不如誘集陝人，并本部軍馬，殺入長安，與董卓報讎。事濟，奉朝廷以正天下；若其不勝，走亦未遲。」

只這一席話，弄得後來長安大亂，王允殉國，輾轉使得曹操得勢。

李傕、郭汜舉事不成，又自相火併，最後大勢已去，賈詡亦匹馬還鄉。後來賈詡為張濟姪張繡謀士，屯兵宛城，欲興兵犯闕奪駕。操起兵十五萬，親討張繡。賈詡勸張繡操兵勢大，不可與敵，不如降之。張繡從之，使賈詡至操寨通款。曹操見詡應對如流，甚愛其才，欲用為謀士。詡曰：「某昔從李傕得罪天下，今從張繡，言聽計從，不忍棄之。」賈詡可謂知命守義的人。

　　曹操受降張繡之後，與張濟之妻發生曖昧，張繡大怒，問計於賈詡。賈詡告以假稱新兵多有逃亡，乞移屯中軍，刻期舉事殺之。結果只因典韋擋住寨門，曹操乃得從寨後逃了，未曾殺得，張繡自己反被于禁殺得大敗而逃，投劉表去了。

　　曹操並不放鬆，緊追過來，張繡逃入城中，閉門不出。操遶城觀察三日後，教軍士於西門角上，堆積柴薪。賈詡見了，知操之意，謂張繡曰：

「某在城上，見曹操遶城而觀者三日。他見城東南角磚土之色，新舊不等，鹿角半多毀壞，意將從此處攻進；卻虛去西北上積草，詐為聲勢，欲哄我撤兵守西北，彼乘夜必爬東南角而進。」……「來日可令精壯之兵，飽食輕裝，盡藏於東南房屋內，卻教百姓假扮軍士，虛守西北，夜間任他在東南角上爬城。俟其爬進城時，一聲砲響，伏兵齊起，操可擒矣。」

　　果然曹操以為中計，乘夜於東南角上爬過壕去，被張繡伏兵砍殺，曹操大敗，折兵無數。

　　不僅此也。賈詡見曹操敗走，急勸張繡遺書劉表，教起兵

截其後路。可是不幸卻被曹操鑿險開道，暗伏奇兵，大破張繡和劉表之兵。

　　曹操後因袁紹欲興兵犯許都，即日回兵。繡欲追之，賈詡曰：「不可追也，追之必敗。」果然被曹軍所敗。敗後，賈詡曰：「今可整兵再往追之。」……「今番追去，必獲大勝。」操兵果然大敗。

　　劉表問賈詡曰：「前以精兵追敗兵，而公曰必敗；後以敗卒擊勝兵，而公曰必克；究竟悉如公言，何其事不同而皆驗也？願公明教我。」詡曰：「此易知耳。將軍雖善用兵，非曹操敵手。操軍雖敗，必有勁將為殿，以防追兵；我兵雖銳，不能敵之也，故知必敗；夫操之急於退兵者，必因許都有事；既破我追軍之後，必輕車速回，不復為備，我乘其不備而更追之，故能勝也。」

　　賈詡所言，確有見地。

　　後來賈詡投曹操，曹操已自丞相而魏公而魏王，議立世子。曹操喜歡三子曹植，欲立之為嗣。曹丕惶恐，問計於賈詡。詡教以但凡曹操出征，要流涕而拜，於是操覺丕誠心，立世子事

遂躊躇不定，乃問賈詡，賈詡不答，操問其故，詡曰：「正有所思，故不能即答耳。」操曰：「何所思？」詡對曰：「思袁本初、劉景升父子也。」曹操聽了，就決立曹丕為世子，賈詡還是一個說客呢。

　　陳登為玄德早期謀士，在三國謀士群中，好像是一個二流角色。可是細讀《演義》，陳登的處境不像其他的謀士那樣單純。他夾在玄德、曹操和呂布三人中間，他的計謀一時為玄德，一時又為曹操，另一時又為呂布，非常曖昧，教人摸不透他的存心。也只是因為劉曹呂三人之間，一時連和，一時又成對立之勢，教陳登不得不在這樣處境中，臨機應變，因此教人目迷心眩。

　　玄德自被呂布逼離小沛暫投曹操後，陳登便轉事呂布。呂布此時實際上已領徐州，曹操為安撫計，遣人齎詔至徐州，封布為平東將軍。呂布希望實授徐州牧，遣陳登齎謝表連同袁術的使者韓胤（為袁術之子求婚呂布之女，來到徐州，呂布聽陳登父親陳珪之說，絕婚袁術），上許都謝恩。

　　陳登密諫操曰：「呂布豺狼也，勇而無謀，輕於去就，宜早

圖之。」操曰：「吾素知呂布狼子野心，誠難久養。非公父子莫能究其情，公當與吾謀之。」登曰：「丞相若有舉動，某當為內應。」操大喜，表贈陳珪治中二千石，登為廣陵太守。登辭回，操執登手曰：「東方之事，便以相付。」登點頭允諾。

看樣子，好像陳登是為曹操了。

陳登回徐州後，告訴呂布：「『父贈祿，某為太守。』布大怒曰：『汝不為吾求徐州牧，而乃自求爵祿！汝父教我協同曹公，絕婚公路，今吾所求，終無一獲，而汝父子俱各顯貴，吾為汝父子所賣耳！』遂拔劍欲斬之。登大笑曰：『將軍何其不明之甚！』布曰：『吾何不明？』登曰：『吾見曹公，言養將軍譬如養虎，當飽其肉，不飽則將噬人。』曹公笑曰：『不如卿言，吾待溫侯，如養鷹耳。狐兔未息，不敢先飽。饑則為用，飽則颺去。』某問：『誰為狐兔？』曹公曰：『淮南袁術，江東孫策，冀州袁紹，荊州劉表，益州劉璋，漢中張魯，皆狐兔也！』布擲劍笑曰：『曹公知我也！』」

陳登可說是捏造得非常得體，同時又非常精闢。

袁術知呂布絕婚，乃起大軍七路，前來攻打徐州。

（呂布）急召眾謀士商議。陳宮與陳珪父子俱至。陳宮曰：「徐州之禍，乃陳珪父子所招，媚朝廷以求爵祿，今日移禍於將軍，可斬二人之頭獻袁術，其軍自退。」布聽其言，即命擒下陳珪、陳登。陳登大笑曰：「何如是之懦也？吾觀七路之兵，如七堆腐草。何足介意。」布曰：「汝若有計破敵，免汝死罪。」陳登曰：「將軍若用愚夫之言，徐州可保無虞。」布曰：「試言之。」登曰：「術兵雖眾，皆烏合之師，素不親信；我以正兵守之，出奇兵勝之，無不成功。更有一計，不止保安徐州，并可生擒袁術。」布曰：「計將安出？」登曰：「韓暹、楊奉，乃漢舊臣，因懼操而走，無家可依，暫歸袁術，術必輕之，彼亦不樂為術用。若憑尺書結為內應，更連劉備為外合，必擒袁術矣！」布曰：「汝須親到韓暹、楊奉處下書。」

　　果然韓暹、楊奉為陳登說動，裏應外合，殺得袁術大敗而逃。看樣子陳登是為呂布了。
　　呂布擊敗了袁術之後：

保韓暹為沂都牧，楊奉為瑯琊牧，商議欲留二人在徐州。

陳珪曰：「不可。韓、楊二人據山東不出一年，則山東城郭皆屬將軍也。」布然之。遂送二將暫於沂都、瑯琊二處屯劄，以候恩命。陳登私問父曰：「何不留二人在徐州，為殺呂布之根？」珪曰：「倘二人協助呂布，是反為虎添爪牙也。」登乃服父之高見。

可見父子二人都非為呂布。

呂布後來擊敗玄德，玄德再度投到曹操，曹操起大軍來攻呂布，兵至蕭關。呂布叫陳宮守蕭關，自己和陳登去救小沛。

陳登臨行，珪謂之曰：「昔曹公曾言東方事盡付與汝。今布將敗，可便圖之。」登曰：「外面之事，兒自為之；倘布敗回，父親便請糜竺一同守城，休放布入，兒自有脫身之計。」珪曰：「布妻小在此，心腹頗多，為之奈何？」登曰：「兒亦有計了。」乃入見呂布曰：「徐州四面受敵，操必力攻，我當先思退步，可將錢糧移於下邳，倘徐州被圍，下邳有糧可救。主公盍早為計？」布曰：「元龍之言甚善。吾當并妻小移去。」

這樣，呂布心腹都隨錢糧妻小移到下邳去了。

呂布即行軍與陳登往救蕭關。

到半路，登曰：「容某先到關探曹兵虛實，主公方可行。」
布許之，登乃先到關上。陳宮等接見。登曰：「溫侯深怪公
等不肯向前，要來責罰。」宮曰：「今曹兵勢大，未可輕
敵。吾等緊守關隘，可勸主公深保沛城，乃為上策。」陳
登唯唯，至晚上關而望，見曹兵直逼關下，乃乘夜連寫三
封書，拴在箭上，射下關去。次日辭了陳宮，飛馬來見呂
布：「關上孫觀等皆欲獻關，某已留下陳宮把守，將軍可於
黃昏時殺去救應。」布曰：「非公則此關休矣！」便教陳登
飛騎先至關，約陳宮為內應，舉火為號。登逕往報宮曰：
「曹兵已抄小路到關內。恐徐州有失，公等宜急回。」宮
遂引眾棄關而走。登就關上放起火來。呂布乘黑殺至，陳
宮軍和呂布軍在黑暗裏自相掩殺。曹操望見號火，一齊殺
到，乘勢攻擊。孫觀等各自四散逃避去了。呂布直殺到天
明，方知是計，急與陳宮回徐州。

但徐州已被糜竺所奪，急投小沛，小沛守將高順、張遼又

被陳登騙開，小沛被曹兵所奪，陳登卻在小沛城上，大罵呂布：
「吾乃漢臣，安肯事汝反賊耶！」呂布在陳登手上，簡直弄得
團團轉，連陳宮也被他騙了。

　　曹操既平呂布，班師回許都，玄德隨行，陳登大概留在徐
州。徐州則由操心腹車冑守之。玄德後來設法脫身來到徐州，
將同來監察的朱靈和路昭遣回許都。曹操遺書車冑，就內圖玄
德。車冑請陳登商議此事。

> 登曰：「此事極易。今劉備出城招民，不日將還。將軍可命
> 軍士伏於甕城邊，只作接他，待馬到來，一刀斬之；某在
> 城上射住後軍，大事濟矣。」冑從之。陳登回見父陳珪，
> 備言其事。珪命登先往報知玄德。登領父命，飛馬去報。

　　後來雲長冒充張遼，賺車冑出城，車冑敗走，要回城內，
卻被城上陳登亂箭射下，進不得城，終被雲長所殺。所以最後
可以看出陳登是為玄德的。其他為曹操或呂布所設的計謀，則
因時勢所限，不得不予應付，而非出自衷心。陳登的故事，曖
昧曲折，最後還是可以看出線索來。陳登以及其父陳珪，的是
可人。

車冑既被殺，玄德恐曹操報復，不知如何是好，還是陳登想到請鄭康成作書介紹，求救於袁紹。因為鄭康成與袁紹三世通家，經他介紹，袁紹不好意思拒絕的。

陳登以後在《演義》裏不再見敘，大概是退隱了。

龐統道號鳳雛，與伏龍齊名。可是因為出山遲，死得早，所以計謀不多。

龐統最傑出的計謀是連環計，教曹操大小船隻釘在一處，行動不便，然後用火攻之。連環計因蔣幹二次來到東吳而得實現。

蔣幹二次來到東吳，被周瑜送到西山小庵中歇息。

> 幹在庵內心中憂悶，寢食不安。是夜星露滿天，獨步出庵後，只聽得讀書之聲。信步尋去，見山巖畔有草屋數椽，內射燈光。幹往窺之，只見一人掛劍燈前，誦孫吳兵書。幹思此必異人也，叩戶請見。……統乃邀入草庵，共坐談心。幹曰：「以公之才，何往不利？如肯歸曹，幹當引進。」統曰：「吾亦欲離江東久矣。公既有引進之心，即今便當一行。如遲則周瑜聞之，必將見害。」

　　於是二人連夜下山，來見曹操。一番酬酢和讚美之後，請
入帳中，置酒共飲，飲至半酣：

統佯醉曰：「敢問軍中有良醫否？」操問何用。統曰：「水軍
多疾，須用良醫治之。」時操軍因不服水土，俱生嘔吐之
疾，多有死者。操正慮此事，忽聞統言，如何不問？統曰：
「丞相教練水軍之法甚妙，但可惜不全。」操再三請問。

　　龐統然後說出大小船隻用鐵環連鎖，上鋪闊板，休言人可
渡，馬亦可走矣。可惜就是用火來攻時逃不掉了。
　　龐統行了連環計之後，頗為寂寞，直到張飛在耒陽縣發現
他的才能之後，才漸漸有所施展。
　　張松獻西川圖以後，法正又來說玄德進取西川，玄德躊躇
未決。龐統就進言道：

「主公之言，雖合天理，奈亂離之時，用兵爭強，固非一
道；若拘執常理，寸步不可行矣。宜從權變。且兼弱攻昧，
逆取順守，湯、武之道也。若事定之後，報之以義，封為
大國，何負於信？今日不取，終為他人取耳。主公幸熟思

焉！」玄德乃恍然曰：「金石之言，當銘肺腑。」

　　玄德西行取川之計就此決定。
　　後來玄德西進，劉璋東來相迎，兩軍屯於涪江之上。兩劉
相見，各敘傾慕之意，但手下則另有所圖。

統（謂玄德）曰：「季玉雖善，其臣劉璝、張任等皆有不平
之色，其間吉凶未可保也。以統之計，莫若來日設宴，請
季玉赴席，於衣壁中埋伏刀斧手一百人，主公擲杯為號，
就筵上殺之；一擁入成都，刀不出鞘，弓不上弦，可坐而
定也。」

　　玄德對此計只是不從。

次日，復與劉璋宴於城中，彼此細敘衷曲，情好甚密。酒
至半酣，龐統與法正商議曰：「事已至此，由不得主公
了。」便教魏延登堂舞劍，乘勢殺劉璋。

　　宴飲變做鴻門會，經玄德喝止，方纔無事。此處可顯出龐

統之急於立功。

　　後來張魯要犯西川，劉璋就請玄德去葭萌關拒守。劉璋自回成都，令楊懷、高沛二人把守涪水關。總算二劉分開，再無法演鴻門會了。

　　玄德來葭萌關後，東吳這邊又計議要取荊州。

　　龐統曰：「主公勿憂。有孔明在彼，料想東吳不敢犯荊州。主公可馳書去劉璋處，只推曹操攻擊孫權，權求救於荊州。吾與孫權唇齒之邦，不容不相援。張魯自守之賊，決不敢來犯界。吾今欲勒兵回荊州，與孫權會同破曹操。奈兵少糧缺，望推同宗之誼，速發精兵三四萬，行糧十萬斛相助，請勿有誤。若得軍馬錢糧，卻另作商議。」玄德從之，遣人往成都。

　　劉璋聽臣下之勸，只撥來老弱軍四千，米一萬斛，玄德大怒。

　　龐統曰：「主公只以仁義為重，今日毀書發怒，前情盡棄矣。」玄德曰：「如此，當若何？」龐統曰：「某有三條計策，請主公自擇而行。」玄德問那三條計。統曰：「只今便

選精兵，晝夜兼道逕襲成都，此為上計。楊懷、高沛乃蜀中名將，各伏強兵拒守關隘；今主公佯以回荊州為名，二將聞知，必來相送；就送行處，擒而殺之，奪了關隘，先取涪城，然後卻向成都；此中計也。退還白帝，連夜回荊州，徐圖進取，此為下計。若沉吟不去，將至大困，不可救矣！」玄德曰：「軍師上計太促，下計太緩，中計不遲不疾，可以行之。」

　　這是龐統繼連環計之後，最好的謀略。也只因此計被採行，楊懷、高沛二人授首，涪關奪下，就一路打進西川去了。

　　龐統之計既行，他就想急於立功。所以當孔明遺書囑付要謹慎行事時，「龐統暗思：『孔明怕我取了西川成了功，故意將此書相阻耳。』」

　　有此存心，不幸終在落鳳坡上被張任亂箭射死，時年止三十六歲。他是死得太早了，和周瑜一樣，都咎由自取。一個是怕孔明將來為東吳後患，一個卻是怕孔明爭功。其實孔明不想危害東吳，更不想與龐統爭功。禍福繫於一念，此之謂乎！

說 客

戰亂之世,有實力的人均以謀士良將為重,其次便是說客。此在戰國為然,三國亦然。

所謂說客,很難下一確切的定義。但大體說來,他要能言善辯。不但此也,他要以扼要銳利的言詞,擊中對方的要害,使對方不得不聽從他的話,或照他所想的路線或方法採取行動,而最後達成自己最初所懸的目的。一般人均以為善說的可將黑的說成白的,死的說成活的。

其實說客並不是魔術師,無法顛倒黑白和死活,他所能為的,只是在黑白死活之間,指陳利害,讓對方自己來作抉擇,而且希望對方的抉擇對自己有利。難就難在如何在黑白死活之間指陳利害。這要看說客的才識。三國時代說客亦頗有幾個,才識各異,因此說詞亦各不相同。有的簡直不是說詞,只是拜託或交易,有的是普通的說詞,顯不出怎樣的特色,有的是本想說人,可是後來反而教人說了去,有的尚未開口,已被人堵住了嘴,有的確是精妙的說詞,教被說者不得不聽他的話;形形色色,且一一看他們是那一流的角色。

李肅說呂布殺丁原是《三國演義》第一個說客。李肅和呂

布是同鄉，知其勇而無謀，見利忘義。這就好辦了，於是帶赤兔馬一匹，黃金千兩，明珠數十顆和玉帶一條來見呂布。

肅見布曰：「賢弟別來無恙？」布揖曰：「久不相見，今居何處？」肅曰：「見任虎賁中郎將之職。聞賢弟匡扶社稷，不勝之喜。有良馬一匹，日行千里，渡水登山，如履平地，名曰赤兔，特獻與賢弟，以助虎威。」布便令牽過來看。果然那馬渾身上下火炭般赤，無半根雜毛……嘶喊咆哮，有騰空入海之狀。……布見了此馬大喜，謝肅曰：「兄賜此良駒，將何以為報？」肅曰：「某為義氣而來，豈望報乎？」

平白送上良馬，自然有所企圖，等回兒自會知道了。

布置酒相待。酒酣，肅曰：「肅與賢弟少得相見，令尊卻常會來。」布曰：「兄醉矣。先父棄世多年，安得與兄相會？」肅大笑曰：「非也，某說今日丁刺史耳。」布惶恐曰：「某在丁建陽處，亦出於無奈。」肅曰：「賢弟有擎天駕海之才，四海孰不欽敬？功名富貴，如探囊取物，何言無奈，而在人之下乎？」布曰：「恨不逢其主耳。」

　　這就好辦了。

　　肅笑曰：「良禽擇木而棲，賢臣擇主而事。見機不早，悔之晚矣！」布曰：「兄在朝廷，觀何人為世之英雄？」肅曰：「某遍視群臣，皆不如董卓，董卓為人敬賢禮士，賞罰分明，終成大業。」布曰：「某欲從之，恨無門路。」

　　魚兒上鉤矣！

　　肅取金珠玉帶列於布前。布驚曰：「何為有此？」肅令叱退左右，告布曰：「此是董公久慕大名，特令某將此奉獻。赤兔馬亦董公所贈也。」布曰：「董公如此見愛，某將何以報之？」肅曰：「如某之不才，尚為虎賁中郎將，公若到彼，貴不可言。」布曰：「恨無涓埃之功，以為進見之禮。」肅曰：「功在翻手之間，公不肯為耳。」布沉吟良久曰：「吾欲殺丁原，引軍歸董卓，如何？」肅曰：「賢弟若能如此，真莫大之功也！但事不宜遲，在於速決。」

　　當夜二更，呂布殺了丁原。這是一場交易，進行得極為順

利，因為對手是呂布，一見名馬珠寶，和日後功名富貴，就忘了一切。

李肅說呂布，先是送名馬，捧了他一陣，繼之借酒提到丁原，觸到呂布癢處。可是也只有呂布會說出「出於無奈」的話。呂布自己先說了，以後取出珠寶玉帶，自然水到渠成。所以嚴格的說，李肅並未對呂布指陳黑白利害生死，因為呂布自己早已知道了，所以李肅不是說客，只是做交易而已。其實李肅連那些話都不必浪費，乾脆呈上名馬珠玉黃金，並說明日後富貴，問呂布這場交易願不願意？讀者自可想像呂布的回答是怎樣的了。

_____

做說客原想說人，但是三國說客故事裏，有想說人而反教人說的，豈不妙哉！且看：

次日，瑜（周瑜）請諸葛瑾，謂曰：「令弟孔明有王佐之才，如何屈身事劉備？今幸至江東，欲煩先生不惜齒牙餘論，使令弟棄劉備而事東吳，則主公既得良輔，而先生兄弟又得相見，豈不美哉？先生幸即一行。」瑾曰：「瑾至江東，愧無寸功。今都督有命，敢不效力？」即時上馬，逕投驛亭來見孔明。孔明接入，哭拜，各訴闊情。瑾泣曰：

「弟知伯夷、叔齊乎？」孔明暗思：此必周瑜教來說我也，
遂答曰：「夷、齊，古之聖賢也！」瑾曰：「夷、齊，雖至
餓死首陽山，兄弟二人亦在一處，我今與你同胞共乳，乃
各事其主，不能旦暮相聚，視夷、齊之為人，能無愧乎？」
孔明曰：「兄所言者，情也；弟所守者，義也。弟與兄皆漢
人，今劉皇叔乃漢室之冑，兄若能去東吳，而與弟同事劉
皇叔，則上不愧為漢臣，而骨肉又得相聚，此情義兩全之
策也。不識兄意以為如何？」瑾思曰：「我來說他，反被他
說了我也！」

諸葛瑾未弄清楚黑白，所以孔明套了他的話，反教說了去。
其實這只是餘事，因為要緊的是周瑜未深知孔明，所以才教諸
葛瑾去說。反過來說，我們可曾看到孔明自己或教他人說周瑜
去東吳轉事玄德乎？孔明知道周瑜與孫權外託君臣之義，內結
骨肉之恩，如何說得動？可是天下自有妙人，想試他一試。不
信且看：

操問眾將曰：「昨日輸了一陣（瑜初次用水軍攻擊曹操）挫
動銳氣，今天被他深窺吾寨，吾當作何計破之？」言未畢，

忽帳下一人出曰：「某自幼與周郎同窗交契，願憑三寸不爛
之舌，往江東說此人來降。」曹操大喜。視之，九江人，
姓蔣名幹，字子翼，現為帳下幕賓。操問曰：「子翼與周公
瑾相厚乎？」幹曰：「丞相放心，幹到江左，必要成功。」
操問：「要將何物去？」幹曰：「只消一童隨往，二僕駕舟，
其餘不用。」

　　蔣幹要說周瑜，憑同窗之誼，只消一童二僕，似比李肅說
呂布高明得多。

　　……蔣幹引一青衣小童，昂然而入，瑜拜迎之。幹曰：「公
瑾別來無恙？」瑜曰：「子翼良苦，遠涉江湖，為曹氏作說
客耶？」幹愕然：「吾久別足下，特來敘舊，奈何疑我作說
客也？」瑜笑曰：「吾雖不及師曠之聰，聞弦歌而知雅意。」
幹曰：「足下待故人如此，便請告退。」瑜笑而挽其臂曰：
「吾但恐兄為曹氏作說客耳。既無此心，何速去也？」

　　蔣幹剛到東吳，尚未開始作說客，就著了一下悶棍，打得
他眼冒金星，連忙否認作說客，後來就此被堵住嘴，再也不能

說什麼了，周瑜反而利用了蔣幹，施行反間計教曹操自己殺了蔡瑁、張允二人，遂使曹操水軍無法練好。

其實周瑜確如蔣幹所說「雅量高致，非言詞所能動也」。即使蔣幹自認特來作說客，亦無說詞可繼。群英會上蔣幹只好坐看周瑜談笑自若，「假使蘇秦、張儀、陸賈、酈生復出，口似懸河，舌如利刃，安能動我心哉？」這是不可說而強要說的妙事，也是說者自己還分不清黑白而偏要說人的妙事。

周瑜用苦肉計，在眾將之前，打了黃蓋五十脊杖，使曹操相信黃蓋要投降是真的，然後東吳放火船隻可接近操寨，施行火攻，可是要有一個膽識俱全的人去獻降書，這個人便是闞澤。曹操是奸雄，對於投降真假，極具識鑒，要瞞過曹操，可不容易。且看闞澤如何完成這項重大任務。

曹操於几案上反覆將書（詐降書）看了十數次，忽然拍案張目大怒曰：「黃蓋用苦肉計，令汝下詐降書，就中取事，卻敢來戲侮我耶！」便教左右推出斬之。左右將闞澤簇下，澤面不改容，仰天大笑。操教牽回，叱曰：「吾已識破奸計，汝何故哂笑？」澤曰：「吾不笑你，吾笑黃公覆不識人

耳。」操曰：「何不識人？」澤曰：「殺便殺。何必多問！」
操曰：「吾自幼熟讀兵書，深知奸偽之道。汝這條計，只好
瞞別人，如何瞞得我！」澤曰：「你且說書中那件事是奸
計？」操曰：「我說出你那破綻，教你死而無怨！你既是真
心獻書投降，如何不明約幾時？如今你有何理說？」闞澤
聽罷，大笑曰：「虧汝不惶恐，敢自誇熟讀兵書！還不及早
收兵回去！儻若交戰，必被周瑜擒矣！無學之輩，可惜吾
屈死汝手！」操曰：「何謂我無學？」澤曰：「汝不識機謀，
不明道理，豈非無學？」　操曰：「你且說我那幾般不是
處？」澤曰：「汝無待賢之禮，吾何必言？但有死而已。」
操曰：「汝若說得有理，我自然敬服。」澤曰：「豈不聞背
主作竊，不可定期？倘今約定日期，急切下不得手，這裏
反來接應，事必泄漏。但可覷便而行，豈可預期相訂乎？
汝不明此理，欲屈殺好人，真無學之輩也！」操聞言，改
容下席而謝曰：「某見事不明，誤犯尊威，幸勿掛懷。」

　　詐降書被曹操識破，闞澤不懼而笑，非笑曹操而是笑黃蓋
不識人，教曹操體會黃蓋投降多半是真的。問他為何不識人，
他又不肯說，問他為何曹操無學，他又不肯具體的說，只說操

無待賢之禮。直至迫出「汝若說得有理，我自然敬服」，時機成熟，才說出一番道理來，教曹操信而不疑。這是說客們指陳黑白最好的例子。可是話要說回來，黑白之際，不在有無訂期投降日期，而是在於黃蓋有無投降的可能。可惜曹操未曾想到這點，而以後又被蔡中、蔡和所報黃蓋受杖的消息矇了過去。

說客在未盡了解對方以前，原擬加以說詞，可是後來發現對方不是味兒，言語就頂撞起來，忘了身是說客，可說是說客妙事，這妙事出在張松身上。

張松是劉璋的人，因張魯想犯益州，他就在劉璋面前說要親往許都，憑三寸不爛之舌，說曹操興兵取漢中（張魯的勢力範圍），以圖張魯。則魯拒敵不暇，何敢復窺蜀中。

他到了許都，住定驛館，候了三日，方見得曹操。

操問曰：「汝主劉璋連年不進貢，何也？」松曰：「為路途艱難，賊寇竊發，不能通達。」操叱曰：「吾掃清中原，有何盜賊？」松曰：「南有孫權，北有張魯，西有劉備，至少者亦帶甲十餘萬，豈得謂太平耶？」操先見張松人物猥瑣，五分不喜，又聞語言衝撞，遂拂袖而起，轉入後堂。左右

責松曰：「汝為使命，何不知禮，一味衝撞？幸得丞相看汝遠來之面，不見罪責。汝可急急回去！」松笑曰：「吾川中無諂佞之人也！」

做說客不受對方威嚇，不諂佞對方，這也是說客應取的態度。曹操不欣賞這種態度，可是他的手下楊修頗加欣賞，再加上張松的博聞強記，贏得了楊修的好感。於是楊修先容，使張松再見曹操。曹操要教張松見軍容之盛，教他回去傳說，下了江南，便來收川。於是：

操點虎衛雄兵五萬，布於教場中。……松斜目視之。良久，操喚松指而示曰：「汝川中曾見此英雄人物否？」松曰：「吾蜀中不曾見此兵革，但以仁義治人。」

這不是說詞，直是鬥氣。可謂別開生面。

操變色視之，松全無懼意。楊修頻以目視松。操謂松曰：「吾視天下鼠輩猶草芥耳。大軍到處，戰無不勝，攻無不取。順吾者生，逆吾者死。汝知之乎？」松曰：「丞相驅兵

　　到處，戰必勝，攻必取，松亦素知。昔日濮陽攻呂布之時，
　　宛城戰張繡之日；赤壁遇周郎，華容逢關羽；割鬚棄袍於
　　潼關，奪船避箭於渭水；此皆無敵於天下也。」操大怒曰：
　　「豎儒焉敢揭吾短處！」喝令左右推出斬之。

　　這那裏是作說客，簡直是來吵架了。其結果當可想而知。
可是說客中就有這樣的一個張松。

　　後來張松來到荊州，見了玄德，想不到被玄德的殷懃招待
所感動（以行動代替說詞來感動說客），結果自動的獻出了蜀中
地圖。

　　標準的說客，該說是李恢和鄧芝，李恢說馬超棄張魯投玄
德，鄧芝說孫權和蜀，都極其精彩。

　　玄德深愛馬超，思欲得之。於是遺書張魯請其撤回馬超兵
馬，同時賄賂張魯手下楊松，叫他在張魯前說馬超壞話。張魯
差人教馬超撤兵。馬超因未立功，不肯撤兵。張魯聽楊松之言：
「差人去說與馬超：『汝既欲成功，與汝一月限，要依我三件
事。若依得，便有賞，否則必誅。一要取西川，二要劉璋首級，
三要退荊州兵。』」

　　馬超一看話不對勁，想要罷兵，但楊松就散放流言，說馬超回兵，必懷異心。教張衛分七路軍堅守隘口，不放馬超兵入，超因此進退不得，說馬超來降的時機也成熟了。恰巧這時趙雲書薦李恢來到，且看李恢如何說馬超：

　　恢行至超寨，先使人通姓名。馬超曰：「吾知李恢乃辯士，今必來說我。」先喚二十刀斧手伏於帳下，囑曰：「令汝砍，即砍為肉醬。」須臾，李恢昂然而入。馬超端座帳中不動，叱李恢曰：「汝來為何？」恢曰：「特來作說客。」超曰：「吾匣中寶劍新磨。汝試言之，其言不通，便請試劍！」恢笑曰：「將軍之禍不遠矣！但恐新磨之劍，不能試吾之頭，將欲自試也！」超曰：「吾有何禍？」恢曰：「吾聞越之西子，善毀者不能閉其美；齊之無鹽，善譽者不能掩其醜。日中則昃，月滿則虧，此天下之常理也。今將軍與曹操有殺父之讎，而隴西又有切齒之恨，前不能救劉璋而退荊州之兵，後不能制楊松而見張魯之面，目下四海難容，一身無主，若復有渭橋之敗，冀城之失，何面目見天下之人乎？」超頓首謝曰：「公言極善，但超無路可行。」恢曰：「公既聽吾言，帳外何故伏刀斧手？」超大慚，盡叱

退。……

　　李恢一上來即說自己特來作說客，單刀直入，這比蔣幹否認作說客，扭扭捏捏，爽快得多，且亦具有膽識，因為李恢知道黑白死活之分，而馬超反到矇矓了。一經指點，不由馬超不頓首謝罪。現在再看鄧芝如何說孫權。

　　自玄德殂後，曹丕欲趁此滅蜀，聽司馬懿之計，用五路大軍，四面夾攻，其中四路兵，孔明均已退去，只有孫權這一路兵，須有能言之人為使，方可退去。這任務便落在鄧芝身上，當時孫權已知孔明退了四路兵馬。

　　……忽報西蜀遣鄧芝到。張昭曰：「此又是諸葛亮退兵之計，遣鄧芝為說客也。」權曰：「當何以答之？」昭曰：「先於殿前立一大鼎，貯油數百斤，下用炭燒。待其油沸，可選身長面大武士一千人，各執刀在手，從宮門前直排至殿上，卻喚芝入見。休等此人開言下說詞，責以酈食其說齊故事，效此例烹之，看其人如何對答。」權從其言……召鄧芝入。

　　這樣對待說客，雖古有前例。但孫權既生怕再結怨於蜀，未免多此一舉，顯見得他沒有雅量。

　　芝整衣冠而入。行至宮門前，只見兩行武士，威風凜凜，各持鋼刀、大斧、長劍、短戟，直列至殿上。芝曉其意，並無懼色，昂然而行至殿前，又見鼎鑊內熱油正沸。左右武士以目視之，芝但微微而笑。近臣引至簾前，鄧芝長揖不拜。權令捲起珠簾，大喝曰：「何不拜？」芝昂然而言曰：「上國天使，不拜小邦之主。」權大怒曰：「汝不自料，欲掉三寸之舌，效酈生說齊乎？可速入油鼎！」芝大笑曰：「人皆言東吳多賢，誰想懼一儒生！」權轉怒曰：「孤何懼爾一匹夫耶？」芝曰：「既不懼鄧伯苗，何愁來說汝等也？」權曰：「爾欲為諸葛亮作說客，來說孤絕魏向蜀，是否？」芝曰：「吾乃蜀中一儒生，特為吳國利害而來。乃設兵陳鼎，以拒一使，何其局量之不能容物耶？」

　　見武士而微笑，見孫權而不拜，聞說欲效酈生故事反損他是因為懼一儒生，既不懼我一儒生，何愁來作說客。我是為東吳利害而來指點你們的，你們卻這樣沒有局量。三寸之舌，不

啻利劍，鄧芝實不愧為第一流說客。

> 權聞言惶愧，即叱退武士，命芝上殿，賜坐而問曰：「吳、
> 魏之利害若何？願先生教我。」

孫權前倨後恭，肯認錯，還算是不錯的。

> 芝曰：「大王欲與蜀講和，還是欲與魏講和？」權曰：「孤
> 正欲與蜀主講和，但恐蜀主年輕識淺，不能全始全終耳。」

鄧芝先得孫權的口供，然後進而指陳黑白：

> 芝曰：「大王乃命世之英豪，諸葛亮亦一時之俊傑。蜀有山
> 川之險，吳有三江之固；若二國連和，共為唇齒，進則可以
> 兼吞天下，退則可以鼎足而立。今大王若委贄稱臣於魏，魏
> 必望大王朝覲，求太子以為內侍，如其不從，則興兵來攻，
> 蜀亦順流而進取；如此則江南之地，不復為大王有矣！」

連自己死路活路還分不清，現在指點你一番。

「若大王以愚言為不然，愚將就死於大王之前，以絕說客
之名也。」言訖，撩衣下殿，望油鼎中便跳。

摸透孫權不會任他跳油鼎的，於是再進一步要挾，以證明
此來僅為東吳利害，而非為孔明作說客。果然：

權急命止之，請入後殿，以上賓之禮相待。權曰：「先生之
言，正合孤意。孤今欲與蜀主連和，先生肯為我介紹乎？」
芝曰：「適欲烹小臣者，乃大王也；今欲使小臣者，亦大王
也。大王猶自狐疑未定，安能取信於人？」

鄧芝更進一步迫孫權的口供。

權曰：「孤意已決，先生勿疑。」

這是鄧芝所希望的，亦是使吳之使命，鄧芝三言兩語間達
成了。鄧芝自說要絕說客之名，事實上有說客之實。不過他作說
客，只是根據事實推理，指陳黑白死活，並有膽量講出來而已。
後來鄧芝第二次來到東吳：

　　權問鄧芝曰：「若吳、蜀二國同心滅魏，得天下太平，二主
　　分治，豈不樂乎？」芝答曰：「天無二日，民無二主，如滅
　　魏之後，未識天命所歸何人。但為君者，各修其德；為臣
　　者，各盡其忠，則戰爭方息耳。」權大笑曰：「君之誠款，
　　乃如是耶。」

　　所以誠者，乃說客之座右銘也。所謂誠，亦即是事理之當
然，黑是黑，白是白，死是死，活是活，需要指陳明白，然後
不論你自認作說客也好，否認作說客也好，被說者聽後自會恍
然同意，達成作說客的使命。李肅不知誠，所以說呂布只是一
場交易。諸葛瑾不知誠，所以被孔明說了去。蔣幹不知誠，所
以被堵住了口，在群英會只看周瑜揮灑自如。凡作說客者，除
能言善辯之外，其所言所辯，必須要誠，否則最好不要作說客，
即作了亦達不成使命的。

　　三國時代除上述幾個說客外，尚有孔明。孔明抱經世奇才，
懷明知其不可為而為之的精神，實是一代完人，說客，只是其
餘事耳。

　　孔明在赤壁戰前，在東吳對孫權說曹軍不下一百五十萬人，

謀士戰將一二千人，沿江下寨是要圖東吳，以及：「若能以吳越之眾，與中國抗衡，不如早與之絕；若其不能，何不從眾謀士之論，按兵束甲，北面而事之？」……「將軍外託服從之名，內懷疑貳之見，事急而不斷，禍至無日矣！」

　　這是實話，是誠。

　　「曹操之眾，遠來疲憊……且北方之人，不習水戰。荆州士民，附操者迫於勢耳，非本心也。今將軍誠能與豫州協力同心，破曹軍必矣。……成敗之機，在於今日。唯將軍裁之。」

　　這也是實話，是誠。而最妙的實話，莫過於引用〈銅雀臺賦〉，指出「攬二喬於東南兮，樂朝夕之與共」，使得周瑜聽了，勃然大怒，離座指北而罵曰：「老賊欺吾太甚！」於是周瑜才「吾與老賊誓不兩立」，「雖刀斧加頭，不易其志也」。

　　因談及說客，順贅數語於此。

下篇

故事

緒 言

《三國》一書，因係演義體裁，受正史限制，所以故事不得不遷就史實，而不能如一般小說寫作，可以憑作者手法，將故事結構著意安排。即使如此，《三國演義》作者對於若干可不受史實限制的故事，就運用高明手法，巧將結構安排。安排最為出色的是赤壁之戰。三江口黃蓋縱火，是這個故事的最高潮，但《演義》作者為了促成這最高潮的誕生，在他之前，自諸葛孔明之片帆東渡起，一連串的敘寫了首尾連貫的若干小潮，一個推進一個，最後奔騰澎湃，形成火燒赤壁。高潮退了以後，還有不盡的餘波，反映這高潮的壯觀。

赤壁之戰的故事，除結構以外，其前前後後整個戰事的進展，《演義》作者很少用正面敘寫，而以借描寫人物心理的變遷狀態，來反映戰事的進展，如曹操之由不可一世，漸變為疑慮，沮喪以至悲哀；孫權之由疑慮，漸變為決心作戰；周瑜之由憂慮，漸變為矍然而起；孔明之由說曹孫拼戰，漸變為助周瑜作戰。讀者讀了以後，比看戰事正面敘寫更覺深刻。

赤壁之戰以外，《三國演義》裏若干故事有獨特的結構。如在故事進展中自然地加入錯結，使故事進展顯得迂迴，最後又

自然地解了錯結，增加了故事進展對讀者的懸宕性。其次如在故事進展中，作者暗示將有何種結果，但忽然自然地變了情勢，無法達成原先暗示的結果，教讀者空期待一陣。再若干故事是重現型的，重現型的故事最怕單調，教讀者看了第一重現以後，不想再看下去。但《演義》作者寫這類故事的手法，一面儘力避免單調，一面而且加入所以導致重現的插曲，教讀者看了以後，能體會到何以不能避免重現的原因。

　　結構以外，在故事的描寫方面，《演義》作者亦有高明的技巧。如強烈的對照，故事本質的掩藏——如將一件凶事寫成喜事等，給讀者留下深刻的印象。

　　最後我似有一種感覺，《演義》作者之寫《三國演義》是為三個人寫的——諸葛孔明，關雲長和劉玄德。而此三人之中，作者特別對諸葛孔明更為重視。因此作者費了幾個回目的篇幅，在孔明尚未出山之前，先聲奪人地來向讀者介紹，因為對其他人物作者從未這樣介紹過。

　　本篇計故事七篇，可窺見《演義》作者撰寫故事手法的一斑。

漢壽亭侯五關斬六將

雲長投降曹操後，在斬顏良、文醜的戰役中，得知玄德在袁紹處，即掛印封金，單騎護送二嫂辭曹操來河北尋兄。歷經五關，因不曾討得曹操文憑，守關將不肯放過，不得已前後共斬了六將，方始通過。

故事很簡單，有些像童話裏在故事進展中，人物動作或遭遇的重現型——過了一關又一關，斬了一將又一將。這種重現型的故事，寫來最怕單調，教人看了第一重現以後（即第二次發生的事情與最初一次發生的完全相同，使讀者可推知第三，第四及以後各次也都一樣），就不想再看下去了。可是《三國演義》寫得非常出色，毫不使人感到單調。

在《三國演義》裏，類似的故事頗多，如陶謙三讓徐州，玄德三顧茅廬，孔明三氣周瑜，七擒孟獲，六出祁山等，各次均不一樣。本篇僅以雲長過五關斬六將的故事，作為一例。

雲長過五關斬六將之前及後，都有段小插曲，前者反照故事的重現性；後者則原想減輕故事的重現性，妙卻妙在來得太遲，結果加重了故事的重現性，並使這個故事的進展顯得非常合理自然。

雲長自辭曹操離許都後，曹操因深敬其人，要一發結識他做個人情，以路費征袍贈之，使為日後紀念，教張遼先往請住。

（雲長）遂立馬於橋上望之。見曹操引數十騎，飛奔前來；……操見關公橫刀立馬於橋上，令諸將勒住馬匹，左右排開。關公見眾人手中皆無軍器，方始放心。操曰：「雲長行何太速？」關公於馬上欠身答曰：「關某前曾稟過丞相，今故主在河北，不由某不急去。累次造府，不得參見，故拜書告辭，封金掛印，納還丞相。望丞相勿忘昔日之言。」操曰：「吾欲取信於天下，安肯有負前言？恐將軍途中乏用，特具路資相送。」一將便從馬上托過黃金一盤。關公曰：「累蒙恩賜，尚有餘資，留此黃金以賞將士。」操曰：「特以少酬大功於萬一，何必推辭？」關公曰：「區區微勞，何足掛齒？」操笑曰：「雲長天下義士，恨吾福薄，不得相留。錦袍一領，略表寸心。」令一將下馬，雙手捧袍過來。雲長恐有他變，不敢下馬，用青龍刀尖挑錦袍披於身上，勒馬回頭稱謝曰：「蒙丞相賜袍，異日更得相會。」遂下橋望北而去。許褚曰：「此人無禮太甚，何不擒之？」操曰：「彼一人一騎，吾數十餘人，安得不疑？吾言既出，

不可追也。」曹操自引眾將回城，於路歎想雲長不已。

　　有這段插曲在前，似乎曹操既已親自送行，後來過關隘應該沒有問題了，事實卻大謬不然。所以這小段插曲反照了故事的重現性。故事的進展是這樣的：

……前至一關，名東嶺關。把關將姓孔，名秀，引五百軍兵在嶺上把守。當日關公押車仗上嶺，軍士報知孔秀，秀出關來迎。關公下馬，與孔秀施禮。秀曰：「將軍何往？」公曰：「某辭丞相，特往河北尋兄。」秀曰：「河北袁紹正是丞相對頭，將軍此去，必有丞相文憑。」公曰：「因行期忽迫，不曾討得。」秀曰：「既無文憑，待我差人稟過丞相，方可放行。」關公曰：「待公稟時，須誤了我行程。」秀曰：「法度所拘，不得不如此。」關公曰：「汝不容我過關乎？」秀曰：「汝要過去，留下老小為質。」關公大怒，舉刀就殺孔秀。秀退入關去，鳴鼓聚軍，披掛上馬，殺下關來，大喝曰：「汝今敢過去麼？」關公約退車仗，縱馬提刀，竟不打話，直取孔秀。秀挺槍來迎。兩馬相交，只一合，鋼刀起處，孔秀屍橫馬下。眾軍便走。關公曰：「軍士

休走。吾殺孔秀，不得已也，與汝等無干。借汝眾軍之口，
傳語曹丞相，言孔秀欲害我，我故殺之。」眾軍俱拜於馬
前。關公即請二夫人車仗出關，望洛陽進發。

第一關孔秀正面逼阻，不讓雲長過去，不得已殺之。來到
洛陽，洛陽守將是韓福，手下有牙將孟坦。

……人報關公車仗已到。韓福彎弓插箭，引一千人馬，排
列關口，問：「來者何人？」關公馬上欠身言曰：「吾漢壽
亭侯關某，敢借過路。」韓福曰：「有曹丞相文憑否？」關
公曰：「事冗不曾討得。」韓福曰：「吾奉丞相鈞命，鎮守
此地，專一盤詰往來奸細。若無文憑，即係逃竄。」關公
怒曰：「東嶺孔秀，已被吾殺。汝亦欲尋死耶？」韓福曰：
「誰人與我擒之？」孟坦出馬，掄雙刀來取關公。關公約
退車仗，拍馬來迎。孟坦戰不三合，撥回馬便走。關公趕
來。孟坦只指望引誘關公，不想關公馬快，早已趕上，只
一刀砍為兩段。關公勒馬回來，韓福閃在門首，盡力放了
一箭，正射中關公左臂。公用口拔出箭，血流不住，飛馬
逕奔韓福，衝散眾軍。韓福急閃不及，關公手起刀落，帶

頭連肩，斬於馬下；殺散眾軍，保護車仗。關公割帛束住
箭傷。於路恐人暗算，不敢久住，連夜投汜水關來。

　　第二關韓福施誘敵暗箭計，想殺雲長。結果雲長馬快一步，
誘敵不成；暗箭雖告成功，但未射中要害，韓福亦終被殺。來
到汜水關，守關將是卞喜。

　　……安排已定，出關迎接關公。公見卞喜來迎，便下馬相
見。喜曰：「將軍名震天下，誰不敬仰！今歸皇叔，足見忠
義。」關公訴說斬孔秀、韓福之事。卞喜曰：「將軍殺之是
也。某見丞相，代稟衷曲。」關公甚喜，同上馬過了汜水
關，到鎮國寺前下馬。眾僧鳴鐘出迎。原來那鎮國寺乃漢
明帝御前香火院，本寺有僧三十餘人。內有一僧，卻是關
公同鄉人，法名普淨。當下普淨已知其意，向前與關公問
訊，曰：「將軍離蒲東幾年矣？」關公曰：「將及二十年
矣。」普淨曰：「還認得貧僧否？」公曰：「離鄉多年，不
能相識。」普淨曰：「貧僧家與將軍家只隔一條河。」卞喜
見普淨敘出鄉里之情，恐有走泄，乃叱之曰：「吾欲請將軍
赴宴，汝僧人何得多言！」關公曰：「不然，鄉人相見，安

得不敘舊情耶？」普淨請關公方丈待茶。關公曰：「二位夫
人在車上，可先獻茶。」普淨教取茶先奉夫人，然後請關
公入方丈。普淨以手舉所佩戒刀，以目視關公。公會意，
命左右持刀緊隨。卞喜請關公於法堂筵席。關公曰：「卞君
請關某，是好意？還是歹意？」卞喜未及回言，關公早望
見壁衣中有刀斧手，乃大喝卞喜曰：「吾以汝為好人，安敢
如此！」卞喜知事泄，大叫：「左右下手！」左右方欲動
手，皆被關公拔劍砍之。卞喜下堂遶廊而走，關公棄劍執
大刀來追。卞喜暗取飛鎚擲打關公，關公用刀隔開鎚，趕
將入去，一刀劈卞喜為兩段，隨即回身來看二嫂。早有軍
人圍住，見關公來，四散奔走。關公趕散，謝普淨曰：「若
非吾師，已被此賊害矣。」普淨曰：「貧僧此處難容，收拾
衣缽，亦往他處雲游也。後會有期，將軍保重。」關公稱
謝，護送車仗，望滎陽進發。

　　第三關卞喜用埋伏刀斧手計，欲圖加害，卻不料詭計被泄，
終被雲長所殺。滎陽守將王植，與韓福是兩親家。

　　……待關公到時，王植出關，喜笑相迎。關公訴說尋兄之

事。植曰：「將軍於路馳驅，夫人車上勞困，且請入城，館驛中暫歇一宵，來日登途未遲。」關公見王植意甚殷勤，遂請二嫂入城。館驛中皆鋪陳了當。王植請公赴宴，公辭不往；植使人送筵席至館驛。關公因於路辛苦，請二嫂晚膳畢，就正房歇定；令從者各自安歇，飽喂馬匹，關公亦解甲憩息。……胡班（過第一關前，雲長宿一村莊，莊主胡華請雲長路過滎陽，寄一書與其小兒胡班）尋思：「我久聞關雲長之名，不識如何模樣，試往窺之。」乃至驛中，問驛吏曰：「關將軍在何處？」答曰：「正廳上觀書者是也。」胡班潛至廳前，見關公左手綽髯，於燈下憑几看書。班見了，失聲歎曰：「真天人也！」公問何人。胡班入拜曰：「滎陽太守部下從事胡班。」關公曰：「莫非許都城外胡華之子否？」班曰：「然也。」公喚從者於行李中取書付班。班看畢，歎曰：「險些誤殺忠良！」遂密告曰：「王植心懷不仁，欲害將軍，暗令人四面圍住館驛，約於三更放火。今某當先去開了城門，將軍急收拾出城。」關公大驚，忙披挂提刀上馬，請二嫂上車，盡出館驛，果見軍士各執火把聽候。關公急來到城邊，只見城門已開。關公催車仗急急出城。胡班還去放火。關公行不到數里，背後火把照

耀，人馬趕來。當先王植大叫：「關某休走！」關公勒馬，大罵：「匹夫！我與你無讐，如何令人放火燒我？」王植拍馬挺槍，徑奔關公；被關公攔腰一刀，砍為兩段。人馬都趕散。關公催車仗速行，於路感胡班不已。

　　第四關王植用火攻計，想燒盡殺絕，更是惡毒。卻不料雲長為代人寄一封書而得了救，逃出滎陽。王植還不肯干休，趕來追殺，反被雲長所殺。

行至滑州界首，有人報與劉延。延引十數騎，出郭而迎。關公馬上欠身而言曰：「太守別來無恙？」延曰：「公今欲何往？」公曰：「辭了丞相，去尋吾兄。」延曰：「玄德在袁紹處。紹乃丞相讐人，如何容公去？」公曰：「昔日曾言定來。」延曰：「今黃河渡口關隘，夏侯惇部將秦琪據守。恐不容將軍過去。」公曰：「太守應付船隻，若何？」延曰：「船隻雖有，不敢應付。」公曰：「我前者誅顏良、文醜，亦曾與足下解厄，今日求一渡船而不與，何也？」延曰：「只恐夏侯惇知之，必然罪我。」關公知劉延無用之人，遂自催車仗前進。到黃河渡口，秦琪引軍出問來者何人？關公

曰：「漢壽亭侯關某也。」琪曰：「今欲何往？」關公曰：
「欲投河北去尋兄長劉玄德，故來借渡。」琪曰：「丞相公
文何在？」公曰：「吾不受丞相節制，有甚公文？」琪曰：
「吾奉夏侯將軍令，把守關隘，你便插翅，也飛不過去！」
關公大怒曰：「你知我於路斬戮攔截者乎？」琪曰：「你只殺
得無名下將，敢殺我麼？」關公怒曰：「汝比顏良、文醜，
若何？」秦琪大怒，縱馬提刀，直取關公。二馬相交，只一
合，關公刀起，秦琪頭落。關公曰：「當吾者已死，餘人不
必驚走。速備船隻，送我渡河。」軍士急撐舟傍岸。關公請
二嫂上船渡河。渡過黃河，便是袁紹地方。

　　第五關先有劉延之不借船隻，但任他過去，到渡口秦琪正
面阻渡，不得已又殺了秦琪。雖與第一關情節有些相似，但不
全同。

　　前後五關斬了六將，故事是重現型的，但情節各關不同，
所以讀者不感覺單調。之後又有段小插曲，想要減輕故事的重
現性，可是來得太晚了。

　　卻說關公同孫乾保二嫂向汝南進發，不想夏侯惇領二百餘

騎，從後追來。孫乾保車仗前行。關公回身勒馬按刀問曰：
「汝來趕我，有失丞相大度。」夏侯惇曰：「丞相無明文傳
報，汝於路殺人，又斬吾部將，無禮太甚！我特來擒你，
獻與丞相發落。」言訖，便拍馬挺槍欲鬥。只見後面一騎
飛來，大叫「不可與雲長交戰！」關公按轡不動。來使於
懷中取出公文，謂夏侯惇曰：「丞相敬愛關將軍忠義，恐於
路關隘攔截，故遣某特齎公文，遍行諸處。」惇曰：「關某
於路，殺把關將士，丞相知否？」來使曰：「此卻未知。」
惇曰：「我只活捉他去見丞相，待丞相放他。」關公怒曰：
「吾豈懼汝耶！」拍馬持刀，直取夏侯惇。惇挺槍來迎，
兩馬相交，戰不十合，忽又一騎飛至，大叫「二將軍少
歇！」惇挺槍問來使曰：「丞相叫擒關某乎？」使者曰：
「非也。丞相恐守關諸將阻擋關將軍，故又差某馳公文來
放行。」惇曰：「丞相知其於路殺人否？」使者曰：「未
知。」惇曰：「既未知其殺人，不可放去。」指揮手下軍
士，將關公圍住。關公大怒，舞刀迎戰。兩個正欲交鋒，
陣後一人飛馬而來，大叫「雲長、元讓，休得爭戰！」眾
視之，乃張遼也。二人各勒住馬，張遼近前言曰：「奉丞相
鈞旨，因聞雲長斬關殺將，恐於路有阻，特差我傳諭各處

關隘，任便放行。」惇曰：「秦琪是蔡陽之甥。他將秦琪托付我處，今被關某所殺，怎肯干休？」遼曰：「我見蔡將軍自有分解。既丞相大度，教放雲長去，公等不可廢丞相之意。」夏侯惇只得將軍馬約退。遼曰：「雲長今欲何往？」關公曰：「聞兄長又不在袁紹處，吾今將遍天下尋之。」遼曰：「既未知玄德下落，且再回見丞相，若何？」關公笑曰：「安有是理！文遠回見丞相，幸為我謝罪。」說罷，與張遼拱手而別。

　　這小段插曲結束了這個故事，同時也加重了這個故事的重現性，並反映出這個故事的進展，非常自然，因為他來得太遲。

吳國太佛寺看新郎

　　玄德新喪甘夫人，晝夜煩惱。周瑜趁機行美人計，教人去荊州為媒，說玄德來東吳與孫權之妹成婚，卻

> 賺到南徐，妻子不能勾得，幽囚在獄中，卻使人去討荊州換劉備。等他交割了荊州城池，我別有主意。

　　美人計瞞不過玄德和孔明。玄德是有點怕，不敢前往。孔明卻教人去江東說親，納聘。一切完備，等到吉期將近，孔明面授趙雲三個錦囊妙計，保玄德入吳。

　　這個故事是政治上的勾心鬥角，驚險緊張，該是一派劍拔弩張之勢，可是《三國演義》卻寫得春風淡蕩，喜氣洋洋，教讀者真以為是普通兒女婚嫁。且看：

> 時建安十四年冬十月。玄德與趙雲、孫乾取快船十隻，隨行五百餘人，離了荊州，前往南徐進發。……玄德心中快快不安。到南徐，適船已傍岸。雲曰：「軍師分付三條妙計，依次而行。今已到此，當先開第一個錦囊來看。」於

是開囊看了計策,便喚五百隨行軍士,一一分付如此如此,
眾軍領命而去。又教玄德先往見喬國老。

第一個錦囊一開,頓教故事裏充滿著結親時那份喜洋洋氣
氛。

那喬國老乃二喬之父,居於南徐。玄德牽羊擔酒,先往拜
見,說呂範為媒、娶夫人之事。隨行五百軍士,都披紅挂
綠,入南郡買辦物件,傳說玄德入贅東吳,城中盡知其事。
孫權知玄德已到,教呂範相待,且就館舍安歇。

玄德往見喬國老之後,喜事漸入佳境,原來的政治陰謀也
開始冰解了。

卻說喬國老既見玄德,便入見吳國太賀喜。

他當然想吳國太是應允了的。

國太曰:「有何喜事?」喬國老曰:「令愛已許劉玄德為夫

人，今玄德已到，何故相瞞？」國太驚曰：「老身不知此事。」便使人請吳侯問虛實，一面先使人於城中探聽。人皆回報：「果有此事。女婿已在館驛安歇，五百隨行軍士都在城中買豬羊菓品，準備成親。做媒的女家是呂範，男家是孫乾，俱在館驛中相待。」國太吃了一驚。

　　想不到國太不知此事，不免吃了一驚。這一驚非同小可，是這個故事開展的關鍵。

少頃，孫權入後堂見母親。國太搥胸大哭。權曰：「母親何故煩惱？」國太曰：「你直如此將我看承得如無物！我姐姐臨危之時，分付你甚麼話來？」孫權失驚曰：「母親有話明說，何苦如此？」國太曰：「男大須婚，女大須嫁，古今常理。我為你母親，事當稟命於我。你招劉玄德為婿，如何瞞我？女兒須是我的！」

　　老太太疼愛獨養女兒，今連她女兒婚姻大事，不叫她作主，不由她不傷心，搥胸大哭。當初周瑜設美人計，就未料到這一著。

權吃了一驚，問曰：「那裡得這話來？」國太曰「若要不知，除非莫為。滿城百姓，那一個不知？你倒瞞我！」

周瑜當初也未想到這一著。

喬國老曰：「老夫已知多日了，今特來賀喜。」

這真是陰錯陽差，逼得孫權不得不說實話了。

權曰：「非也。此是周瑜之計。因要取荊州，故將此為名，賺劉備來拘囚在此，要他把荊州來換，若其不從，先斬劉備。此是計策，非實意也。」

可是老太太疼愛女兒，另有一套想法，這也是周瑜當初想不到的一著。

國太大怒，罵周瑜曰：「汝做六郡八十一州大都督，直恁無條計策去取荊州，卻將我女兒為名，使美人計！殺了劉備，我女便是望門寡，將來再怎的說親？須誤了我女兒一世，

你們好做作！」

這種計策，當然要教老太太生氣。喬國老是寬仁長者，當然也是同一種看法。「喬國老曰：『若用此計，便得荊州，也被天下恥笑。此事如何行得！』」孫權碰了一鼻子灰。「說得孫權默然無語。國太不住口的罵周瑜。」老年人的看法，事成騎虎，多一事不如少一事了。「喬國老勸曰：『事已如此，劉皇叔乃漢室宗親，不如真個招他為婿，免得出醜。』」孫權還想推託。「權曰：『年紀怕不相當。』」喬國老還是想息事寧人。「國老曰：『劉皇叔乃當世豪傑，若招得這個女婿，也不辱了令妹。』」

老太太一心一意為女兒，不願委曲息事寧人。她要親自見一見玄德，究竟是什樣人物，再來定奪是殺是招，使這個故事進入了最高潮。

國太曰：「我不曾認得劉皇叔，明日約在甘露寺相見。如不中我意，任從你們行事；若中我的意，我自把女兒嫁他。」

在老太太想來，這是最合理妥當的辦法了。

孫權乃大孝之人，見母親如此言語，隨即應承。出外喚呂
範，分付來日甘露寺方丈設宴，國太要見劉備。呂範曰：
「何不令賈華部領三百刀斧手，伏於兩廊？若國太不喜時，
一聲號舉，兩邊齊出，將他擒下。」權遂喚賈華分付預先
準備，只看國太舉動。

　　是凶是吉，單看國太舉動，故事漸近高潮。

卻說喬國老辭吳國太歸，使人去報玄德，言來日吳侯、國
太，親自要見，好生在意。

　　國老不愧為長者。

玄德與孫乾、趙雲商議。雲曰：「來日此會，多凶少吉，雲
自引五百軍保護。」次日，吳國太、喬國老先在甘露寺方
丈裏坐定。孫權引一班謀士，隨後都到，卻教呂範來館驛
中請玄德。玄德內披細鎧，外穿錦袍，從人背劍緊隨，上
馬投甘露寺來。趙雲全裝貫帶，引五百軍隨行。來到寺前
下馬，先見孫權。權觀玄德儀表非凡，心中有畏懼之意。

這是高潮到來前的前奏曲。

二人敘禮畢，遂入方丈見國太。國太見了玄德，大喜，謂
喬國老曰：「真吾婿也！」

這真是丈母娘看女婿，越看越歡喜。《演義》雖未明寫，這
時候玄德心裏，一定好比吊著幾個桶子，七上八下，好不焦急。
吳國太這邊，卻是滿面春風，不住點頭暗讚。孫權呂範以及一
班謀士們，卻是苦笑不得。

故事到此進達高潮。玄德到此鬆了一口氣，周瑜的美人計，
已經變為普通嫁女兒了。

後面是高潮後的餘波蕩漾。先是喬國老的慶賀。

國老曰：「玄德有龍鳳之姿，天日之表，更兼仁德布於天
下，國太得此佳婿，真可慶也。」玄德拜謝，共宴於方丈
之中。

繼之是嬌客作態了。

少刻，子龍帶劍而入，立於玄德之側。國太問曰：「此是何
人？」玄德答曰：「常山趙子龍也。」國太曰：「莫非當陽
長坂抱阿斗者乎？」玄德曰：「然。」國太曰：「真將軍
也！」遂賜以酒。趙雲謂玄德曰：「卻纔某於廊下巡視，見
房內有刀斧手埋伏，必無好意。可告知國太。」玄德乃跪
於國太席前，泣而告曰：「若殺劉備，就此請誅。」國太
曰：「何出此言？」玄德曰：「廊下暗伏刀斧手，非殺備而
何？」國太大怒，責罵孫權：「今日玄德既為我婿，即我之
兒女也。何故伏刀斧手於廊下？」權推不知，喚呂範問之，
範推賈華。國太喚賈華責罵，華默然無語。國太喝令斬之。
玄德告曰：「若斬大將，於親不利，備難久居膝下矣。」

玄德的撒嬌，極為得體。

喬國老也相勸。國太方叱退賈華。刀斧手皆抱頭鼠竄而去。

　　一個劍拔弩張的場面，被玄德的撒嬌，國太的地位，頓時
間煙消雲散，剩下來的是郎舅二人在庭下大石上試劍暗祝，廊
前觀看江山美景，再後來是坡上馳馬，好不教人喜歡煞也。

數日之內，大排筵會，孫夫人與玄德結親。至晚客散，兩
行紅炬，接引玄德入房。燈光之下，但見槍刀簇滿，侍婢
皆佩劍懸刀，立於兩旁。諕得玄德魂不附體。正是「驚看
侍女橫刀立，疑是東吳設伏兵。」

　　這可說是餘波告盡時最後的回流，教讀者從新體會一下故
事的經過，餘韻盎然。

張松獻圖

　　張松從蜀中來到許都，身上帶了蜀中地圖，原想獻給曹操，可是結果卻獻給了玄德。故事極短，前後不滿一回目，卻作了一個強烈的對照。身歷其境的張松，固然覺得前後所受待遇有天壤之別，後世讀《演義》的人，更覺得先是有夏月燠熱之感，後來卻有如沐薰風而知春日之可愛了。

　　故事起因於漢中太守張魯欲先取西川為本，然後稱王，以拒曹操。消息報入蜀中，劉璋心中大憂，急聚眾官商議。別駕張松獻計：

張　松

「某聞許都曹操，掃蕩中原。呂布、二袁，皆為所滅；近又破馬超，天下無敵矣。主公可備進獻之物，松親往許都，說曹操興兵取漢中，以圖張魯。則魯拒敵不暇，何敢復窺蜀中耶？」

劉璋大喜，急遣張松攜帶金珠

錦綺為進獻之物，張松卻另外暗中畫了西川地理圖本帶在身上，起程赴許都。這消息也報到荊州，孔明遣人到許都探聽消息。

　　現在看一看張松到許都後，曹操是怎樣待他的。

　　卻說張松到了許都館驛中住定，每日去相府伺候，求見曹操。原來曹操自破馬超回，傲睨得志，每日飲宴，無事少出，國政皆在相府商議。張松候了三日，方得通過姓名。左右近侍先要賄賂，卻纔引入。

　　一上來張松心裏大概有些不高興了。

　　操坐於堂上。松拜畢，操問曰：「汝主劉璋連年不進貢，何也？」

　　既見之初，曹操無片言慰勞遠涉山川之苦，卻先給了一頓官腔。張松一定心裏暗想：「你這人太沒有禮貌。我不是來求你的，是來教你得好處的。我何必一定要聽你的官腔。」

　　松曰：「為路途艱難，賊寇竊發，不能通達。」

路上難走，所以沒有法子進貢，你難道還不知道嗎？

操叱曰：「吾掃清中原，有何盜賊？」

這簡直抹殺事實，你沒有看到嗎？

「南有孫權，北有張魯，西有劉備，至少者亦帶甲十餘萬，
豈得謂太平耶？」
操先見張松人物猥瑣，五分不喜；又聞語言衝撞，遂拂袖而
起，轉入後堂。左右責松曰：「汝為使命，何不知禮，一味衝
撞？幸得丞相看汝遠來之面，不見罪責。汝可急急回去！」

這真是笑話。明明是你們曹操無禮，卻說我無禮。回去就
回去，可是你們要明白：「吾川中無諂佞之人也。」

這句話激起了楊修，遂和張松在外面書院中，兩個人唇槍
舌劍，鬥了一陣。真是不打不相識，打了之後楊修纔知道張松
過目不忘，真是天下奇才，不由不加敬佩。隨教張松暫居館舍，
「容某再稟丞相，令公面君。」

張松纔不急告辭了。楊修於曹操面前，盛讚張松博聞強記，

「可使面君，教見天朝氣象。」曹操卻要張松見他軍容之盛。

至次日，（楊修）與張松同至西教場。操點虎衛雄兵五萬，布於教場中，果然盔甲鮮明，衣袍燦爛；金鼓震天，戈矛耀日；四方八面，各分隊伍，旌旗颺彩，人馬騰空。

你擺這些氣派給我看，我纔不屑看呢！

松斜目視之。……良久，操喚松指而示曰：「汝川中曾見此英雄人物否？」

這有什麼希奇！

「吾蜀中不曾見此兵革，但以仁義治人。」

你們不以仁義治人，纔要耀武揚威呢！

操變色視之，松全無懼意。楊修頻以目視松。

你做出凶樣子出來，我怕你什麼？

操謂松曰：「吾視天下鼠輩猶草芥耳。大軍到處，戰無不勝，攻無不取。順吾者生，逆吾者死。汝知之乎？」

你吹什麼牛，怕我還不知道你的底細嗎？

「丞相驅兵到處，戰必勝，攻必取，松亦素知。昔日濮陽攻呂布之時，宛城戰張繡之日；赤壁遇周郎，華容逢關羽；割鬚棄袍於潼關，奪船避箭於渭水，此皆無敵於天下也。」

這些事你為什麼不提呢？

操大怒曰：「豎儒焉敢揭吾短處！」喝左右推出斬之。楊修諫曰：「松雖可斬，奈從蜀道而來入貢，若斬之，恐失遠人之意。」操怒氣未息。荀彧亦諫，操方免其死，令亂棒打出。

我挖苦了你，可是你不敢斬我，你恐怕失遠人之意。可是你不知道我身上帶有西川地理圖本。假如你知道了，非但不敢

說要斬我，怕還要向我打躬作揖呢！現在對不起了，我要走了。

　　松歸館舍，連夜出城，收拾回川。松自思曰：「吾本欲獻西
川州縣與曹操，誰想如此慢人！我來時於劉璋之前，開了
大口；今日快快空回，須被蜀中人所笑。」

　　有了！

　　「吾聞荊州劉玄德仁義遠播久矣，不如逕由那條路回。試
看此人如何，我自有主見。」

　　這一去教張松不致快快空回，《演義》讀者亦彷彿山窮水盡
疑無路，柳暗花明又一村了。

　　於是乘馬引僕從望荊州界上而來。前至郢州界口，忽見一
隊軍馬，約有五百餘騎，為首一員大將，輕妝軟扮，勒馬
前問曰：「來者莫非張別駕乎？」松曰：「然也。」那將慌
忙下馬，聲喏曰：「趙雲等候多時。」松下馬答禮曰：「莫
非常山趙子龍乎？」雲曰：「然也。某奉主公劉玄德之命，

為大夫遠涉路途，鞍馬馳驅，特命趙雲聊奉酒食。」言罷，
軍士跪奉酒食，雲敬進之。

這不教我想起在許都時往相府跑了三日，不得一見的旨味
嗎？

松自思曰：「人言劉玄德寬仁愛客，今果如此。」遂與趙雲
飲了數杯，上馬同行。來到荊州界首，是日天晚，前到館
驛，見驛門外百餘人侍立，擊鼓相接。一將於馬前施禮曰：
「奉兄長將令，為大夫遠涉風塵，令關某灑掃驛庭，以待
歇宿。」

這樣客氣，真教我張松做夢也想不到的。你們不曉得我在
許都時是怎樣的受氣呢！

松下馬與雲長、趙雲同入館舍，講禮敘坐。須臾，排上酒
食，二人殷勤相勸。飲至更闌，方始罷席，宿了一宵。

這和我在許都時，曹操待我的情形，太不能比了。

次日早膳畢，上馬行不到三五里，只見一簇人馬到。乃是
玄德引著伏龍、鳳雛，親自來接。遙見張松，早先下馬等
候。松亦慌忙下馬相見。

玄德你真是太好了。早知如此，我就不必去許都受那曹操
的氣，逕來這裏就好了。

玄德曰：「久聞大夫高名，如雷灌耳。恨雲山迢遠，不得聽
教。今聞回都，專此相接。倘蒙不棄，到荒州暫歇片時，
以敘渴仰之思，實為萬幸！」松大喜，遂上馬並轡入城。
至府堂上各各施禮，分賓主依次而坐，設宴款待。飲酒間，
玄德只說閒話，並不提起西川之事。

他既這樣客氣，又不提起西川之事，教我這作客人的太不
好意思了。待我以言挑之。

「今皇叔守荊州，還有幾郡？」孔明曰：「荊州乃暫借東吳
的，每每使人取討。今我主因是東吳女婿，故權且在此安
身。」松曰：「東吳據六郡八十一州，民強國富，猶且不知

足耶？」龐統曰：「吾主漢朝皇叔，反不能占據州郡；其他
皆漢之蠹賊，卻都恃強侵占地土；惟智者不平焉。」玄德
曰：「二公休言。吾有何德，敢多望乎？」松曰：「不然。明
公乃漢室宗親，仁義充塞乎四海。休道占據州郡，便代正統
而居帝位，亦非分外。」玄德拱手謝曰：「公言太過，備何
敢當？」自此一連留張松飲宴三日，並不提起川中之事。

作客已是三天了，三天來他隻字未提起川中之事。我明天
要回去了，怎對劉璋交待呢？

松辭去。玄德於十里長亭，設宴送行。玄德舉酒酌松曰：
「甚荷大夫不棄，留敘三日。今日相別，不知何時再得聽
教。」言罷，潸然淚下。

他到現在還不提西川之事，我不得不提醒他了。

「松亦思朝暮趨侍，恨未有便耳。松觀荊州，東有孫權，
常懷虎踞；北有曹操，每欲鯨吞；亦非可久戀之地也。」
玄德曰：「固知如此，尚未有安跡之所。」松曰：「益州險

塞，沃野千里，民殷國富；智能之士，久慕皇叔之德；若
起荊、襄之眾，長驅西指，霸業可成，漢室可興矣。」玄
德曰：「備安敢當此？劉益州亦帝室宗親，恩澤布蜀中久
矣。他人豈可得而動搖乎？」

這個人太好，我不得不明說了。

「某非賣主求榮。今遇明公，不敢不披瀝肝膽。劉季玉雖
有益州之地，稟性暗弱，不能任賢用能。加之張魯在北，
時思侵犯，人心離散，思得明主。松此一行，專欲納款於
操；何期逆賊，恣逞奸雄，傲賢慢士，故特來見明公。明
公先取西川為基，然後北圖漢中，收取中原，匡正天朝，
名垂青史，功莫大焉。明公果有取西川之意，松願施犬馬
之勞，以為內應。未知鈞意若何？」

話已說明了，看他反應如何？

玄德曰：「深感君之厚意。奈劉季玉與備同宗，若攻之，恐
天下唾罵。」

他有所顧慮，我應該開導開導他。

「大丈夫處世，當努力建功立業，著鞭在先。今若不取，為他人所取，悔之晚矣。」玄德曰：「備聞蜀道崎嶇，千山萬水，車不能方軌，馬不能連轡；雖欲取之，用何良策？」

這還問得有些意思了。現在我該將帶來的圖送他了。

松於袖中取出一圖，遞與玄德曰：「松感明公盛德，敢獻此圖，便知蜀中道路矣。」玄德略展視，上面盡寫著地理行程，遠近闊狹，山川險要，府庫錢糧，一一俱載明白。松曰：「明公可速圖之。松有心腹契友二人，法正、孟達，此二人必能相助。如二人到荊州時，可以心事共議。」玄德拱手謝曰：「青山不老，綠水長存。他日事成，必當厚報。」松曰：「松遇明主，不得不盡情相告，豈敢望報乎？」說罷作別。孔明命雲長等護送數十里方回。

這便是張松獻圖的全部故事。先寫曹操是如何傲慢無禮，作威作福；再寫玄德是如何殷勤接待，克己謙讓。前後作一個

強烈的對照。一個是順吾者生，逆吾者死；一個是青山不老，綠水長存。讀《演義》至此，好像有如經過一場惡夢，醒來卻是麗日照窗，鳥語花香的好天氣呢。

在《三國演義》裏，類似的故事尚有：玄德三讓徐州與呂布襲取徐州之對照；孔明盡瘁為玄德，而司馬懿則奪曹氏之政權；白門樓陳宮慷慨就義，而呂布則厚顏求生等，均有顯明的對照。本篇僅以張松獻圖作為一例。

古城會

雲長辭了曹操,過五關,斬六將,會同孫乾,往汝南進發,來尋玄德。途中遙見一座山城,打聽得名叫古城,數月前張飛因向縣官借糧不遂,將縣官逐去,佔住此城,

關公喜曰:「吾弟自徐州失散(被曹操所敗),一向不知下落,誰想卻在此!」乃令孫乾先入城通報,教來迎接二嫂。

讀者讀了這段短文,意料中張飛聽了孫乾的話以後,歡喜無限,一面吩付從人準備酒食,一面馬上跟孫乾出來迎接二嫂與雲長。誰知《演義》裏故事大大不然。且看,

張飛聽罷,更不回言,隨即披挂持丈八矛上馬,引一千餘人,逕出城門。孫乾驚訝,又不敢問,只得隨出城來。

不但孫乾驚訝,即讀者亦將為之驚訝。妙的是,

關公望見張飛到來,喜不自勝;付刀與周倉接了,拍馬來

迎。只見張飛圓睜環眼，倒豎虎鬚，吼聲如雷，揮矛望關
公便搠。關公大驚，連忙閃過，便叫：「賢弟何故如此？豈
忘了桃園結義耶？」

不但雲長要大驚，即讀者亦有莫明其妙之感。究竟張飛為
了什麼理由呢？

飛喝曰：「你既無義，有何面目來與我相見！」關公曰：
「我如何無義？」飛曰：「你背了兄長，降了曹操，封侯賜
爵，今又來賺我！我今與你拚個死活。」

張飛原來為此。

關公曰：「你原來不知，我也難說。現放著二位嫂嫂在此，
賢弟請自問。」二夫人聽得，揭簾呼曰：「三叔何故如此？」
飛曰：「嫂嫂住著。且看我殺了負義的人，然後請嫂嫂入
城。」甘夫人曰：「二叔因不知你等下落，故暫時棲身曹氏。
今知你哥哥在汝南，特不避險阻，送我們到此。三叔休錯見
了。」糜夫人曰：「二叔向在許都，原出於無奈。」飛曰：

「嫂嫂休要被他瞞過了！忠臣寧死而不辱。大丈夫豈有事二
主之理！」關公曰：「賢弟休屈了我。」孫乾曰：「雲長特來
尋將軍。」飛喝曰：「如何你也胡說！他那裡有好心。必來
是捉我！」關公曰：「我若捉你，須帶軍馬來。」

妙的是果然曹操軍馬來了，

飛把手指曰：「兀的不是軍馬來也！」關公回顧，果見塵埃
起處，一彪人馬來到。風吹旗號，正是曹軍。

正是無巧不成書，張飛原有成見，今又來了曹操軍馬，不
來捉我張飛捉誰？

張飛大怒曰：「今還敢支吾麼？」挺丈八蛇矛便搠將來。關
公急止之曰：「賢弟且住。你看我斬此來將，以表我真
心。」飛曰：「你果有真心，我這裏三通鼓罷，便要你斬來
將！」關公應諾。

來將是蔡陽，特為其甥秦琪報仇。蔡陽那裏是雲長對手，

一通鼓未盡，蔡陽早已被戮。然後由小卒口中細問過去情形，再由二夫人訴說雲長歷過之事，誤會全消，張飛方纔大哭，參拜雲長。

這個故事極短，連前連後，約佔一回目的四分之一。可是《三國演義》作者，對這樣的一個故事，加以絕妙的處理手法。先是加上去一個錯結，然後再來解結。加與解都極其自然。

錯結是張飛早已知道雲長降曹，並且封侯賜爵，此來必非善意。所以一聽說雲長來到，更不回言，披掛上馬，引兵出城來戰雲長。這個結是加得極為自然的。結加上去以後，故事進行便不得不有迂迴，因而增加故事對讀者的懸宕性。所以張飛之揮矛便搠，罵雲長無義，要來賺他，讀者明知雲長冤枉，卻不能不原諒張飛，並且渴望誤會早消。

加結必須解結，否則故事變了質，古城會永遠會不起來了。可是解結亦要來得自然。解結是蔡陽率軍來到，妙的是將到之時，張飛一看是曹軍，真以為雲長預先約好的伏兵，來捉他的，就這一剎那，更加深了錯結的作用。蔡陽之率軍來追，本與古城會無關。沒有雲長與張飛之在古城碰頭，蔡陽仍要追趕過來的，所以來的極為自然。妙的是卻在此兩人碰頭之際，不前不後，趕將過來，正好作為解結之用。一通鼓未盡，蔡陽頭已落

地，張飛方信曹軍是來捉雲長，不是來捉他的。故事經這迂迴，告一結束，使讀者懸想已久的結果，最後終於來到，因而加重了讀者對於故事的印象，亦即提高了故事的效果。否則一對失散了的結義兄弟，碰巧在一個山城相會，歡天喜地，慶賀一番，讀者讀後，定會毫無印象，恐怕連相會的地點——古城——亦記不起來了。吾故曰《三國演義》作者對於這樣的一個故事，處理手法絕妙。

孟德獻刀

　　曹操借司徒王允七星寶刀，來至董卓府內，原來想刺殺董卓，結果卻向董卓獻了刀。故事極為簡短，但《三國演義》作者在故事進行中，迭次暗示讀者刺殺董卓將不成問題，滿足讀者的希望，然後極自然地轉變到無法刺殺董卓，不得已只好獻了刀，使讀者大失所望，並替曹操惋惜，故事處理手法極妙。且看，

　　次日，曹操佩寶刀，來至相府，問丞相何在。從人云：「在小閣中。」操竟入見。董卓坐於牀上，呂布侍立於側。卓曰：「孟德來何遲？」操曰：「馬羸行遲耳。」卓顧謂布曰：「吾有西涼進來好馬，奉先可親去揀一騎賜與孟德。」布領命而去。操暗忖曰：「此賊合死！」即欲拔劍刺之。

　　去了一個孔武有力的呂布，只剩得董卓一人，毫無防曹操謀刺之意，當然給曹操刺殺董卓很好的機會，無怪曹操心裏暗忖「此賊合死」，讀者自亦作此想法，希望馬上一劍刺殺奸賊。但「懼卓力大，未敢輕動」。

　　稍稍給讀者帶來失望，使故事的進行略行懸宕。不過為時不久，因為：「卓胖大不耐久坐，遂倒身而臥，轉面向內。」二次又暗示讀者刺殺董卓，形勢更為有利，無怪，「操又思曰：『此賊當休矣！』急掣寶劍在手。」

　　讀者至此，自亦將臆料此賊當休，因為接著來的極可能是曹操一劍刺中董卓要害，鮮血直射而死。但《三國演義》作者在此忽然來了一個急變，且極自然，給讀者渴望的結果像變魔術似地掉了包。讀者的失望自可想像。且看如何急變：

　　恰待要刺，不想董卓仰面看衣鏡中，照見曹操在背後拔刀，
　　急回身問曰：「孟德何為？」

　　面雖向內，但可由衣鏡中照見背後情形，自極自然，而且急變更自然的是呂布揀了好馬回來，要送給曹操。「時呂布已牽馬至閣外。」到此形勢急變，讀者一方面替曹操著急，一方面又替曹操惋惜，故事的效果完全達到。

　　操惶遽，乃持刀跪下曰：「操有寶刀一口，獻上恩相。」卓
　　接視之，見其刀長尺餘，七寶嵌飾，極其鋒利，果寶刀也，

遂遞與呂布收了。操解鞘付布。卓引操出閣看馬。操謝曰：
「願借試一騎。」卓就教與鞍轡。操牽馬出相府，加鞭望
東南而去。

幸虧曹操急智，一
被揭破，即推說獻寶刀，
更因董卓之賜馬，借試
騎而逃之夭夭，故事獲
得喜劇式的收場。

曹操獻刀

這個故事的處理手
法，除妙在先有可順利刺殺董卓的暗示，而後卻急變為無法刺
殺董卓，給讀者以極大的失望外，更將寶刀、馬、董卓之倒身
而臥，以及衣鏡，綴連得天衣無縫。

這個故事如再從遠一點說起，當初王允收到袁紹來書，請
王允乘間圖卓，一時無計可施，假託生日小聚，約眾舊臣聚商，
可是莫展一籌，只好痛哭。坐中曹操忽撫掌大笑「滿朝公卿，
夜哭到明，明哭到夜，還能哭死董卓否？」曹操之所以笑眾大
臣，因為「吾非笑別事，笑眾位無一計殺董卓耳。操雖不才，
願即斷董卓頭，懸之都門，以謝天下」。王允問有何妙見，曹操

縷告以「近日操屈身以事卓者，實欲乘間圖之耳。今卓頗信操，操因得時近卓，聞司徒有七星寶刀一口，願借與操入相府刺殺之，雖死不恨」。當初曹操認為能時近卓，借王允寶刀，覷便刺殺董卓，只是翻手間事耳，那有何難，諸公苦思莫展一籌，吾曹操有這點路子，所以縷笑你們。可是故事結局否定了當初曹操的想法，正反照了曹操的想法極為幼稚，所以故事進行中作者先迭次暗示殺卓極有可能，然後忽然轉變到無法殺卓，對照之下，更顯得曹操當初之笑眾大臣，未免大言不慚耳。

孔明出山

　　《三國演義》作者對於初次登場人物，都有詞介紹。介紹詞長短，則看人物是否重要而定。一般言之，<u>重要的長些</u>，不重要的短些。隨便舉幾個重要人物的例子：

　　玄德：

　　榜文（劉焉出榜招募義兵破黃巾賊）行到涿縣，乃引出涿縣中一個英雄。那人不甚好讀書；性寬和，寡言語，喜怒不形於色，素有大志，專好結交天下豪傑。生得身長八尺，兩耳垂肩，雙手過膝，目能自顧其耳；面如冠玉，唇若塗脂；中山靖王劉勝之後，漢景帝閣下玄孫，姓劉，名備，字玄德。昔劉勝之子劉貞，漢武時封涿鹿亭侯，後坐酎金失侯；因此遺這一枝在涿縣。玄德祖劉雄，父劉弘。弘曾舉孝廉，亦嘗作吏，早喪。玄德幼孤，事母至孝；家貧，販屨織蓆為業。家住本縣樓桑村。其家之東南，有一大桑樹，高五丈餘，遙望之，童童如車蓋。相者云：「此家必出貴人。」玄德幼時，與鄉中小兒戲於樹下曰：「我為天子，當乘此車蓋。」叔父劉元起奇其言，曰：「此兒非常人

也！」因見玄德家貧，常資給之。年十五歲，母使游學，
嘗師事鄭玄、盧植，與公孫瓚等為友。及劉焉發榜招軍時，
玄德年已二十八歲矣。

　曹操：

⋯⋯忽見一彪軍馬，盡打紅旗，當頭來到，截住去路。為
首閃出一將，身長七尺，細眼長髯，官拜騎都尉，沛國譙
郡人也，姓曹，名操，字孟德。操父曹嵩，本姓夏侯氏；
因為中常侍曹騰之養子，故冒姓曹。曹嵩生曹操，小字阿
瞞，一名吉利。操幼時，好游獵，喜歌舞，有權謀，多機
變。操有叔父，見操游蕩無度，嘗怒之，言於曹嵩。嵩責
操，操忽心生一計：見叔父來，詐倒於地，作中風之狀。
叔父驚告嵩，嵩急視之，操故無恙。嵩曰：「叔言汝中風，
今已愈乎？」操曰：「兒自來無此病，因失愛於叔父，故見
罔耳。」嵩信其言。後叔父但言操過，嵩並不聽。因此操
得恣意放蕩。時人有橋玄者，謂操曰：「天下將亂，非命世
之才，不能濟。能安之者，其在君乎？」南陽何顒見操，
言：「漢室將亡，安天下者，必此人也。」汝南許劭，有知

人之名，操往見之，問曰：「我何如人？」劭不答。又問，劭曰：「子治世之能臣，亂世之奸雄也。」操聞言大喜。年二十，舉孝廉，為郎，除洛陽北都尉。初到任，即設五色棒十餘條於縣之四門。有犯禁者，不避豪貴，皆責之。中常侍蹇碩之叔，提刀夜行，操巡夜拏住，就棒責之。由是，內外莫敢犯者，威名頗震。後為頓丘令，因黃巾起，拜為騎都尉，引馬步軍五千，前來潁川助戰。

周瑜：

（孫策）行至歷陽，見一軍到。當先一人，姿質風流，儀容秀麗，見了孫策，下馬便拜。策視其人，乃廬江舒城人，姓周，名瑜，字公瑾。原來孫堅討董卓之時，移家舒城，瑜與孫策同年，交情甚密，因結為昆仲。策長瑜兩月，瑜以兄事策。瑜叔周尚，為丹陽太守，今往省親，到此與策相遇。

雲長：

（玄德與張飛）正飲間，見一大漢，推著一輛車子，到店門首歇了；入店坐下，便喚酒保「快斟酒來吃，我待趕入城去投軍。」玄德看其人，身長九尺，髯長二尺，面如重棗，脣若塗脂；丹鳳眼，臥蠶眉，相貌堂堂，威風凜凜。玄德就邀他同坐，叩其姓名。其人曰：「吾姓關，名羽，字壽長，後改雲長，河東解良人也。因本處勢豪，倚勢凌人，被吾殺了；逃難江湖，五六年矣。今聞此處招軍破賊，特來應募。」

趙雲：

……公孫瓚爬上坡去看，那少年生得身長八尺，濃眉大眼，闊面重頤，威風凜凜；與文醜大戰五六十合，勝負未分。……瓚忙下山坡，問那少年姓名。那少年欠身答曰：「某乃常山真定人也，姓趙，名雲，字子龍；本袁紹轄下之人。因見紹無忠君救民之心，故特棄彼而投麾下；不期於此處相見。」

可見一斑。介紹詞不論長短，亦不論直敘或轉敘，都在人

物初次登場之時。《三國演義》作者惟獨對於孔明，遠在登場（隆中決策）之前，幾乎用了四個回目（自第三十五至三十八回）的篇幅，用轉敘方式來介紹孔明，使讀者在孔明尚未出山（登場）之前，早對孔明具有無限欽佩敬仰的心。好譬平劇裏要角兒尚未上場，先在幕後，慷慨激昂，或纏綿悽迷的唱一大段，先聲奪人，然後再上場一樣。孔明一代完人，無怪《三國演義》作者特為他用四回目的篇幅來給讀者介紹。現在且看如何介紹。

　　《三國演義》作者於敘說玄德躍馬過檀溪，逃了蔡瑁謀害之難以後，一路迤邐策馬望南漳而行，作者就趁此曲曲折折給讀者介紹孔明，用的是轉敘，而且非常轉折。先是遇到牧童。

　　……日將沈西。正行之間，見一牧童跨於牛背上，口吹短笛而來。玄德歎曰：「吾不如也！」遂立馬觀之。

　　一個剛逃大難的人，在天色云暮，不知何處是歸途之際，忽然眼前展開一幅悠哉遊哉逍遙出塵的圖畫，暫將劫難拋開，且加觀賞，玄德自有與眾迥然不同之處。就因為這點不同之處，玄德得以輾轉認識孔明，同時就故事來講，亦給作者著意為孔

明介紹的機會。

　　玄德觀牧童牛背上吹笛，想不到，

　　牧童亦停牛罷笛，熟視玄德曰：「將軍莫非破黃巾劉玄德
　　否？」

　　原來牧童有師父覆姓司馬名徽，有客到日，多曾說起玄德
生得如何模樣，因而猜對。司馬徽客人都是天下奇才卻樂於嘯
遨林泉的隱淪之士。玄德因請牧童引路拜見司馬徽。由牧童而
識司馬徽。

　　……入至中門，忽聞琴聲甚美。玄德教童子且休通報，側
　　耳聽之，琴聲忽住而不彈。一人笑而出曰：「琴韻清幽，音
　　中忽起高抗之調，必有英雄竊聽。」童子指謂玄德曰：「此
　　即吾師水鏡先生也。」玄德視其人，松形鶴骨，器宇不凡，
　　慌忙進前施禮，衣襟尚濕。水鏡曰：「公今日幸免大難！」
　　玄德驚訝不已。

　　作者在這裏介紹司馬徽「松形鶴骨，器宇不凡」，知琴音之

變高抗，料有英雄竊聽，由衣襟尚濕而知玄德幸免大難。用意還在借介紹司馬徽而襯托司馬徽之客。司馬徽如此，其客自亦不凡了。

由玄德之狼狽逃劫難，知玄德左右不得其人，因告玄德：「今天下奇才，盡在於此」，「伏龍、鳳雛，兩人得一，可安天下」。玄德待想問詳細，司馬徽又不肯直說。當晚宿在司馬徽莊上。玄德

寢不成寐。約至更深，忽聽一人叩門而入，水鏡曰：「元直何來？」玄德起牀密聽之，聞其人答曰：「久聞劉景升善善惡惡，特往謁之。及至相見，徒有虛名。蓋善善而不能用，惡惡而不能去者也。故遺書別之，而來至此。」水鏡曰：「公懷王佐之才，宜擇人而事，奈何輕身往見景升乎？且英雄豪傑，只在眼前，公自不識耳。」其人曰：「先生之言是也。」玄德聞之大喜，暗忖此人必是伏龍、鳳雛，即欲出見，又恐造次。候至天曉，玄德求見水鏡，問曰：「昨夜來者是誰？」水鏡曰：「此吾友也。」玄德求與相見，水鏡曰：「此人欲往投明主，已到他處去了。」

作者在這裏略為介紹徐庶（字元直），聽過去好像是在介紹孔明。由司馬徽而知徐庶。

玄德在司馬徽莊上並未遇到伏龍鳳雛，回到新野。一日，

> 忽見市上一人，葛巾布袍，皂絛烏履，長歌而來。……玄德聞歌，暗思「此人莫非水鏡所言伏龍、鳳雛乎？」遂下馬相見，邀入縣衙，問其姓名。答曰：「某為潁上人也。某姓單，名福。久聞使君納士招賢，欲來投託，未敢輒造，故行歌於市，以動尊聽耳。」

行歌自薦的是徐庶（假名單福），徐庶一來，先斬二呂，繼破曹仁之陣法，又截殺曹仁之劫寨，復又輕襲樊城，大獲全勝。作者是在寫徐庶，卻是為孔明張聲勢，因為徐庶並非是伏龍鳳雛，尚且如此，何況伏龍鳳雛乎。

徐庶行徑後被程昱（曹操謀士）識破。曹操計賺其母筆跡，冒書囑徐庶來許昌，方可免禍。徐庶至孝，不容不去。玄德不願因留徐庶而使人殺其母，故雖捨不得徐庶，但終於長亭相送，送了一程，又送一程，直到樹木擋住，望不見徐庶，忽見徐庶拍馬回來。

玄德曰：「元直復回，莫非無去意乎？」遂欣然拍馬向前迎問曰：「先生此回，必有主意？」庶勒馬謂玄德曰：「某因心緒如麻，忘卻一語。此間有一奇士，只在襄陽城外二十里隆中，使君何不求之？」玄德曰：「敢煩元直為備請來相見。」庶曰：「此人不可屈致，使君可親往求之。若得此人，無異周得呂望、漢得張良也。」玄德曰：「此人比先生才德如何？」庶曰：「以某比之，譬猶駑馬並麒麟，寒鴉配鸞鳳耳。此人每嘗自比管仲、樂毅。以吾觀之，管、樂殆不及此人。此人有經天緯地之才，蓋天下一人也。」玄德喜曰：「願聞此人姓名。」庶曰：「此人乃瑯琊陽都人，覆姓諸葛，名亮，字孔明。乃漢司隸校尉諸葛豐之後。其父名珪，字子貢，為泰山郡丞，早卒。亮從其叔玄，玄與荊州劉景升有舊，因往依之，遂家於襄陽。後玄卒，亮與弟諸葛均躬耕於南陽。嘗好為〈梁父吟〉。所居之地，有一岡名臥龍岡，因自號為臥龍先生。此人乃絕代奇才，使君急宜枉駕見之。若此人肯相輔佐，何愁天下不定乎？」玄德曰：「昔水鏡先生曾為備言：伏龍、鳳雛，兩人得一，可安天下。今所云莫非即伏龍、鳳雛乎？」庶曰：「鳳雛乃襄陽龐統也，伏龍正是諸葛孔明。」玄德踴躍曰：「今日方知伏

龍、鳳雛之語，何期大賢只在目前。非先生言，備有眼如

盲也！」

　　司馬徽約略提示伏龍、鳳雛於前，徐庶再走馬正式介紹於後，而徐庶所推薦的，卻是伏龍，正是諸葛孔明。由徐庶而知諸葛孔明。這樣的介紹方式（徐庶特為此事而走馬回來），在《三國演義》裏，作者僅用於孔明。

　　徐庶雖正式推薦孔明於玄德，又恐孔明不肯出山，於是再

乘馬直至臥龍岡下，入草廬見孔明。孔明問其來意。庶曰：

「庶本欲事劉豫州，奈老母為曹操所囚，馳書來召，只得

捨之而往。臨行時，將公薦與玄德。玄德即日將來奉謁，

望公勿推阻，即展平生之大才以輔之，幸甚。」孔明聞言

作色曰：「君以我為享祭之犧牲乎？」說罷，拂袖而入。

　　推薦者再專程至被推薦者寓所，懇切拜託一翻，《三國演義》作者，只有對孔明纔這樣寫法。

　　玄德經徐庶推薦，正安排禮物，欲往隆中謁孔明，忽然司馬徽來訪，目的是來看徐庶。徐庶沒有看到，卻又替孔明著意

介紹了一翻。

　　……玄德曰：「元直臨行，薦南陽諸葛亮，其人若何？」徽
笑曰：「元直欲去自去便了，何又惹他出來嘔心血也？」玄
德曰：「先生何出此言？」徽曰：「孔明與博陵崔州平，潁
川石廣元，汝南孟公威，與徐元直四人為密友。此四人務
於精純，惟孔明獨觀其大略。嘗抱膝長吟，而指四人曰：
『公等仕進可至刺史，郡守。』眾問孔明之志若何，孔明
但笑而不答。每常自比管仲、樂毅，其才不可量也。」……
時雲長在側曰：「某聞管仲、樂毅，乃春秋戰國名人，功蓋
環宇。孔明自比此二人，毋乃太過？」徽笑曰：「以吾觀
之，不當比此二人，我欲另以二人比之。」雲長問那二人。
徽曰：「可比興周八百年之姜子牙，旺漢四百年之張子房
也。」眾皆愕然。徽下階相辭欲行，玄德留之不住。徽出
門仰天大笑曰：「臥龍雖得其主，不得其時，惜哉！」言
罷，飄然而去。

　　故事漸漸進入玄德之請孔明出山。可是《三國演義》作者
寫得非常迂迴曲折，使讀者讀後，深覺孔明懷濟世之大才，不

求聞達於諸侯，而終於出山輔佐玄德，這不是尋常的事，作者
自應用非常的手法來敘寫。

　　次日，玄德同關、張并從人等來隆中，遙望山畔數人，荷
鋤耕於田間，而作歌曰：「蒼天如圓蓋，陸地如棋局。世人
黑白分，往來爭榮辱。榮者自安安，辱者定碌碌。南陽有
隱居，高臥眠不足。」玄德聞歌，勒馬喚農夫問曰：「此歌
何人所作？」答曰：「乃臥龍先生所作也。」玄德曰：「臥
龍先生住何處？」農夫曰：「自此山之南，一帶高岡，乃臥
龍岡也。岡前疎林內茅廬中，即諸葛先生高臥之地。」玄
德謝之，策馬前行。不數里，遙望臥龍岡，果然清景異常。

　　先寫其隱居地之清麗，人物之渾樸，反映孔明之清風亮節。
　　玄德來到莊前，叩門問知孔明不在，歸期亦未有定，惆悵
不已，可能是孔明故意規避了。回去路上，

　　忽見一人容貌軒昂，丰姿俊爽，頭戴逍遙巾，身穿皂布袍，
杖藜從山僻小路而來。玄德曰：「此必臥龍先生也。」急下
馬向前施禮，問曰：「先生非臥龍否？」其人曰：「將軍是

誰？」玄德曰：「劉備也。」其人曰：「吾非孔明，乃孔明
之友，博陵崔州平也。」

　　以為是孔明，問後纔知是崔州平，寫崔州平意在襯托孔明。
　　過了數日，玄德探聽孔明已回，便教備馬，

張飛曰：「量一村夫，何必哥哥自去？可使人喚來便了。」
玄德叱曰：「汝豈不聞孟子云：『欲見賢而不以其道，猶欲
其入而閉之門也。』孔明當世大賢，豈可召乎？」遂上馬
再往訪孔明。關、張亦乘馬相隨。時值隆冬，天氣嚴寒，
彤雲密布。行不數里，忽然朔風凜凜，瑞雪霏霏；山如玉
簇，林似銀妝。張飛曰：「天寒地凍，尚不用兵，豈宜遠見
無益之人乎？不如回新野以避風雪。」玄德曰：「吾正欲使
孔明知我慇懃之意。如弟輩怕冷，可先回去。」

　　寫張飛之輕看親訪，實反映玄德之鄭重，亦即寫孔明之不
可召。

　　將近茅廬，忽聞路旁酒店中有人作歌，玄德立馬聽之。……

244　三國人物與故事

歌罷，又有一人擊桌而歌。……二人歌罷，撫掌大笑。玄德曰：「臥龍其在此間乎？」遂下馬入店。見二人憑桌對飲。上首者白面長鬚，下首者清奇古貌。玄德揖而問曰：「二公誰是臥龍先生？」長鬚者曰：「公何人？欲尋臥龍何幹？」玄德曰：「某乃劉備也，欲訪先生，求濟世安民之術。」長鬚者曰：「我等非臥龍，皆臥龍之友也。吾乃潁川石廣元，此位是汝南孟公威。」玄德喜曰：「備久聞二公大名，幸得邂逅。今隨行有馬匹在此，敢請二公同往臥龍莊上一談。」廣元曰：「吾等皆山野慵懶之徒，不省治國安民之事，不勞下問，明公請自上馬，尋訪臥龍。」

這裏寫石廣元與孟公威之放聲豪歌，亦即是間接寫孔明之不同凡俗。到此為止，孔明的五個友人，玄德都見過了，就只差孔明本人。

……到莊前下馬，扣門問童子曰：「先生今日在莊否？」童子曰：「現在堂上讀書。」玄德大喜，遂跟童子而入。

夢寐求之的人物，今日可見到了，怎樣不喜？讀者亦渴望

一見孔明是怎樣的人物。

　　至中門，只見門上大書一聯云：「淡泊以明志，寧靜而致
遠。」玄德正看間，忽聞吟詠之聲，乃立於門側窺之，見
草堂之上，一少年擁爐抱膝，歌曰：「鳳翺翔於千仞兮，非
梧不棲；士伏處於一方兮，非主不依。樂躬耕於隴畝兮，
吾愛吾廬；聊寄傲於琴書兮，以待天時。」玄德待其歌罷，
上草堂施禮曰：「備久慕先生，無緣拜會。昨因徐元直稱
薦，敬至仙莊，不遇空回。今特冒風雪而來，得瞻道貌，
實為萬幸！」那少年慌忙答禮曰：「將軍莫非劉豫州，欲見
家兄否？」玄德驚訝曰：「先生又非臥龍耶？」少年曰：
「某乃臥龍之弟諸葛均也……」

　　好像該是孔明了，誰知又不是。其弟既如此風雅，其兄當
可想見。

　　玄德曰：「臥龍今在家否？」均曰：「昨為崔州平相約，出
外閒遊去矣。」玄德曰：「何處閒遊？」均曰：「或駕小舟，
遊於江湖之中；或訪僧道於山嶺之上；或尋朋友於村落之

間；或樂琴棋於洞府之內；往來莫測，不知去所。」玄德
曰：「劉備直如此緣份淺薄，兩番不遇大賢！」均曰：「小
坐獻茶。」張飛曰：「那先生既不在，請哥哥上馬。」玄德
曰：「我既到此間，如何無一語而回？」因問諸葛均曰：
「聞令兄臥龍先生熟諳韜略，日看兵書，可得聞乎？」均
曰：「不知。」張飛曰：「問他則甚！風雪甚緊，不如早
歸。」玄德叱止之。均曰：「家兄不在，不敢久留車騎。容
日卻來回禮。」玄德曰：「豈敢望先生枉駕。數日之內，備
當再至。願借紙筆作一書，留達令兄，以表劉備慇懃之
意。」……玄德寫罷，遞與諸葛均收了，拜辭出門。

　　從諸葛均口中，讀者更知道孔明是喜歡閒遊山川、樂琴棋、
訪僧道的高士。

　　方上馬欲行，忽見童子招手籬外叫曰：「老先生來也。」玄
德視之，見小橋之西，一人煖帽遮頭，狐裘蔽體，騎著一
驢，後隨一青衣小童，攜一葫蘆酒，踏雪而來。轉過小橋，
口吟詩一首。詩曰：「一夜北風寒，萬里彤雲厚。長空雪亂
飄，改盡江山舊。仰面觀太虛，疑是玉龍鬭；紛紛鱗甲飛，

頃刻遍宇宙。騎驢過小橋，獨歎梅花瘦。」玄德聞歌曰：

「此真臥龍矣！」滾鞍下馬，向前施禮曰：「先生冒寒不

易，劉備等侯久矣。」那人慌忙下驢答禮。諸葛均在後曰：

「此非臥龍家兄，乃家兄岳父黃承彥也。」玄德曰：「適聞

所吟之句，極其高妙。」承彥曰：「老夫在小婿家觀〈梁父

吟〉，記得這一篇，適過小橋，偶見籬落間梅花，故感而誦

之。不期為尊客所聞。」玄德曰：「曾見賢婿否？」承彥

曰：「便是老夫也來看他。」玄德聞言，辭別承彥上馬而

歸。正值風雪又大，回望臥龍岡，悒怏不已。

聽童子叫老先生來了，又見騎驢吟詩，諒必是孔明，誰知

卻是孔明丈人，卻也是風雅人物。直到現在為止，作者介紹的

都是孔明身邊最親近的人、友、弟及岳丈。從這些人物的介紹

詞中，讀者可以想像孔明是怎樣人物。先教讀者自己來想像，

然後纔正式登場介紹。作者實在頗費安排。

次年早春，玄德令卜者選擇吉期，齋戒三日，薰沐更衣，

欲再往臥龍岡謁孔明。關、張聞之不悅。

關公曰：「兄長兩次親往拜謁，其禮太過矣。想諸葛亮有虛

名而無實學,故避而不敢見。兄何惑於斯人之甚也?」玄德
曰:「不然。昔齊桓公欲見東郭野人,五反而方得一面。況
吾欲見大賢耶?」張飛曰:「哥哥差矣。量此村夫,何足為
大賢?今番不須哥哥去;他如不來,我只用一條麻繩縛將
來!」玄德叱曰:「汝皆不聞周文王謁姜子牙之事乎?文王
且如此敬賢,汝何太無禮!今番汝休去,我自與雲長去。」

關、張之不悅,顯得玄德之鄭重其事,亦即示作者著意為
孔明作介紹。要角兒上場,自非可草率了之。

於是三人乘馬引從者往隆中。離草廬半里之外,玄德便下
馬步行,正遇諸葛均。玄德忙施禮,問曰:「令兄在莊
否?」均曰:「昨暮方歸。將軍今日可與相見。」言罷,飄
然自去。玄德曰:「今番僥倖,得見先生矣!」張飛曰:
「此人無禮!便引我等到莊也不妨,何故竟自去了!」玄
德曰:「彼各有事,豈可相強?」三人來到莊前叩門,童子
開門出問。玄德曰:「有勞仙童轉報,劉備專來拜見先
生。」童子曰:「今日先生雖在家,但現在草堂上晝寢未
醒。」玄德曰:「既如此,且休通報。」

角兒快要上場了，可是板眼還差一點兒。

分付關張二人，只在門首等著。玄德徐步而入，見先生仰臥於草堂几席之上。玄德拱立階下，半晌，先生未醒。關、張在外立久，不見動靜，入見玄德，猶然侍立。張飛大怒，謂雲長曰：「這先生如何傲慢！見我哥哥侍立階下，他竟高臥，推睡不起！等我去屋後放一把火，看他起不起！」雲長再三勸住。玄德仍命二人出門外等候。望堂上時，見先生翻身將起，忽又朝裡壁睡著。童子欲報。玄德曰：「且勿驚動。」又立了一個時辰，孔明纔醒，口吟詩曰：「大夢誰先覺，平生我自知。草堂春睡足，窗外日遲遲。」孔明吟罷，翻身問童子曰：「有俗客來否？」童子曰：「劉皇叔在此，立候多時。」孔明乃起身曰：「何不早報？尚容更衣。」遂轉入後堂。又半晌，方整衣冠出迎。

正是千呼萬喚始出來，顯得玄德之誠心誠意來謁見天下奇才，更顯得作者之為孔明特意介紹。

玄德見孔明身長八尺，面如冠玉，頭戴綸巾，身披鶴氅，

飄飄然有神仙之概。

　　作者先藉玄德眼中所見的孔明，介紹孔明是何等瀟灑出塵的人物。一翻客套應酬以後，作者繼又借孔明自己的說話介紹孔明之才學。

孔明曰：「自董卓造逆以來，天下豪傑並起。曹操勢不及袁紹，而竟能克紹者，非唯天時，抑亦人謀也。今操已擁百萬之眾，挾天子以令諸侯，此誠不可與爭鋒。孫權據有江東，已歷三世，國險而民附，此可用為援，而不可圖之也。荊州北據漢沔，利盡南海，東連吳會，西通巴蜀，此用武之地，非其主不能守。是殆天所以資將軍，將軍豈有意乎？益州險塞，沃野千里，天府之國，高祖因之以成帝業。今劉璋闇弱，民殷國富，而不知存恤，智能之士，思得明君。將軍既帝室之冑，信義著於四海，總攬英雄，思賢如渴，若跨有荊、益，保其巖阻，西和諸戎，南撫彝越，外結孫權，內修政理；待天下有變，則命一上將，將荊州之兵，以向宛洛；將軍身率益州之眾，以出秦川，百姓有不簞食壺漿以迎將軍者乎？誠如是，則大業可成，漢室可興矣。

此亮所以為將軍謀者也，唯將軍圖之。」

　　讀者看了這段話以後，誰不欽佩孔明之剖析三國當時天下局勢和今後玄德可以發展的途徑。無怪

　　玄德聞言，避席拱手謝曰：「先生之言，頓開茅塞，使備如撥雲霧而覩青天……」

　　玄德既親聆孔明之才學，奇才當前，當然要想請孔明出山相助。

　　玄德拜請孔明曰：「備雖名微德薄，願先生不棄鄙賤，出山相助。備當拱聽明誨。」

　　但孔明別有懷抱，

　　孔明曰：「亮久樂耕鋤，懶於應世，不能奉命。」

　　但經玄德泣告，終於不得不答允出山相助。至次日臨行囑

付諸葛均的話，作者更借以介紹了孔明最偉大的一面。

> 次日，諸葛均回，孔明囑咐曰：「吾受劉皇叔三顧之恩，不
> 容不出。汝可躬耕於此，勿得荒蕪田畝。待吾功成之日，
> 即當歸隱。」

　　功成之日，不是希望坐享富貴，而只是希望歸隱，恢復原
來的布衣生涯。試問當時三國人物，誰又有這樣的清風亮節。
無怪《三國演義》作者，敬佩孔明之才識與抱負，不惜用四回
目的篇幅，曲曲折折來向讀者介紹，直至隆中登場，更教讀者
親聆孔明的言論。假如與前舉登場人物介紹詞略一比較，讀者
當可了然孔明在《三國演義》作者心目中的地位。因為其他的
人物是英雄，是豪傑，是謀士，是大將，是……，而孔明是一
代完人。

赤壁之戰

　　整個三國歷史，繼東漢桓靈二帝之後，終於司馬炎滅亡蜀吳，大體上可分為幾個階段。起先是十常侍專權引起黃巾作亂，次是董卓造逆，平息不久，接著來的是曹操專政，先後擒呂布，破袁紹，袁術，併吞荊州，約孫權會獵於江夏，以迄赤壁之戰，是曹操的巔峰時期；赤壁之戰以後，天下三分，成鼎足之勢，為時最久；最後是曹魏司馬氏父子專魏政，繼之滅蜀亡吳，而告結束。在這幾個階段中，赤壁之戰是三分局勢的轉捩點，是三國時代的一件大事，所以《三國演義》作者特別重視，前後自第四十二回起（曹操約孫權江夏會獵），至第五十回止（關雲長義釋曹操），共計八個多回目，敘寫赤壁之戰以及戰爭的前後，而其餘波更蕩漾至第五十六回（三氣周公瑾）。

　　寫戰爭故事如僅寫戰事經過以及雙方的戰略，往往引不起讀者的興趣。因為戰爭本身雖然是轟轟烈烈，流血千里，金鼓殺伐之聲，教人駭怕，但在書上往往僅只看到某人被殺或被創，或大敗而逃，以及死了好多軍馬，失了好多城池，絕看不到戰爭的慘烈場面，即有，亦只是略事點綴，並不重要。所以一般說來，戰爭故事是最難寫的。

　　三國時代多的是戰事，《三國演義》作者對這些戰爭故事，除極少數外，都處理得非常得體，而以赤壁之戰寫得最為傑出。

　　赤壁之戰對手雙方，一邊是曹操，另一邊是孫權和玄德。但在戰事未明朗化以前，孫權究是曹操這邊，或是玄德這邊，尚在搖擺不定。所以自最初曹操馳檄江東，邀孫權會獵於江夏以後，這三個人具著三種不同的心理狀態，隨著戰事的明朗化，心理狀態亦隨之明朗化。《三國演義》作者即以敘寫三個人心理狀態的變遷，間接反映戰事的進行，書上極少敘寫金鼓殺伐之聲，代之者是三人以及他的文武官將的心理狀態。從這些心理狀態的敘寫，讀者自會體會得戰事的情形。

　　周瑜在赤壁三江口上縱火，是赤壁之戰的最高潮，但在進入這最高潮以前，《三國演義》作者用了七個回目的篇幅，寫了一連串的小高潮，一個繼一個，來催促這個最高潮的誕生，顯得這個故事的結構非常緊湊。

　　曹操是這次戰事的發動者。他於取得荊州，追迫玄德投江夏以後，恐結連東吳，死灰復燃，於是聽荀攸之計，遣使馳檄江東，約孫權會獵於江夏，共擒劉備。讀者看檄文的口氣，可以想見曹操當時是怎樣的躊躇滿志，不可一世哩：

孤近承帝命，奉詔伐罪，旄麾南指，劉琮束手。荊、襄之民，望風歸順。今統雄兵百萬，上將千員，欲與將軍會獵於江夏，共伐劉備，同分土地，永結盟好。幸勿觀望，速賜回音。

　　孫權接讀檄文，正如晴天霹靂，不知所措。降呢？戰呢？一直在孫權心裏七上八下。

　　謀士們主和，領頭的是張昭，理由是，

曹操擁百萬之眾，借天子之名，以征四方，拒之不順。且主公大勢可以拒操者，長江也。今操既得荊州、長江之險，已與我共之矣，勢不可敵。以愚之計，不如納降為萬安之策。

　　聽來好像很有理，但假如真的納降，能使江南六郡安全無事嗎？所以孫權聽了之後，低頭不語。主戰的是魯肅，他的理由是，

「眾人皆可降曹操，惟將軍不可降曹操。」……「如肅等降操，當以肅還鄉黨累官，故不失州郡也。將軍降操，欲

安所歸乎？位不過封侯，車不過一乘，騎不過一匹，從不
過數人，豈得南面稱孤哉？」

但魯肅僅僅說明不可降的理由，並未說明可以勝的理由。
投降是孫權所不願，且如魯肅所說，即使投降，六郡未必可保
（將軍降操，欲安所歸乎？），所以只有戰之一途，一提到戰，
孫權恐懼的是，

但操新得袁紹之眾，近又得荊州之兵，恐勢大難以抵敵。

孫權對這方面的恐懼，持續頗久，雖先有孔明的反激，

「（曹操）馬步水軍，約有一百餘萬。」……「曹操就兗州
已有青州軍二十萬，平了袁紹又得五六十萬，中原新招之
兵三四十萬，今又得荊州之軍二三十萬；以此計之，不下
一百五十萬。亮以百萬言之，恐驚江東之士也。」……「足
智多謀之士，能征慣戰之將，何止一二千人！」……「即
今沿江下寨，準備戰船，不欲圖江東，待取何地？」……
「將軍外託服從之名，內懷疑貳之見，事急而不斷，禍至

無日矣。」

　繼有周瑜對曹操軍勢的解釋，

「操雖託名漢相，實為漢賊。將軍以神武雄才，仗父兄餘業，據有江東。兵精糧足，正當橫行天下，為國家除殘去暴，奈何降賊耶？且操今此來，多犯兵家之忌：北土未平，馬騰、韓遂為其後患，而操久於南征，一忌也；北軍不熟水戰，操捨鞍馬，仗舟楫，與東吳爭衡，二忌也；又時值隆冬盛寒，馬無藁草，三忌也；驅中國士卒，遠涉江湖，不服水土，多生疾病，四忌也；操兵犯此數忌，雖多必敗。將軍擒操，正在今日。」……「臣為將軍決一血戰，萬死不辭。只恐將軍狐疑不定。」

　孫權聽了周瑜的解釋，雖然

拔佩劍砍面前奏案一角曰：「諸官將有再言降操者，與此案同！」言罷，便將此劍賜周瑜，即封瑜為大都督，程普為副都督，魯肅為贊軍校尉。如文武官將有不聽號令者，即

以此劍誅之。

　　但由近日內調撥軍馬，還是「但憂曹操兵多，寡不敵眾耳。他無所疑」。周瑜再為之懇切開解，

　　今以實較之，彼將中國之兵，不過十五六萬，且已久疲。所得袁氏之眾，亦止七八萬耳，尚多懷疑不服。夫以久疲之卒，狐疑之眾，其數雖多，不足畏也。瑜得五萬兵，自足破之。顧主公勿以為慮。

　　孫權到此，方決心破曹，更無他疑。

　　再說玄德，他是曹操追迫的目標，他只有一萬軍馬，加上劉琦的一萬，總共也不過二萬人。除非他自動投降，否則只有投東吳孫權，以為應援。他要投東吳，但要投得漂亮，這點孔明認為絕無問題，因為

　　今操引百萬之眾，虎踞江漢，江東安得不使人來探聽虛實？若有人到此，亮借一帆風，直至江東，憑三寸不爛之舌，說南北兩軍互相吞併。若南軍勝，共誅曹操以取荊州之地；

　　若北軍勝，則我乘勝以取江南可也。

　　果然魯肅借弔喪為名，來到江夏，要玄德遣心腹往結江東，共圖大事。一邊要投靠，一邊要拉攏，當然一拍即合。所以孔明一到東吳，看孫權，周瑜都是不可直說的人，因以言激之。先以曹操兵多，而玄德尚不降的話以激孫權。次引〈銅雀臺賦〉二句（攬二喬於東南兮，樂朝夕之與共）以激周瑜。一激之下，孫權劍砍案角，周瑜指北大罵曹操，終至斬曹操所遣使者以示應戰的決心。戰事猶如箭在弦上，張勢待發的時際。從玄德的立場言，真是惟恐天下不亂。而且不論誰勝誰敗，都有玄德的好處。而他的二萬人馬，就只待戰事分曉後，用以檢拾好處。

　　曹操呢？步馬水軍八十三萬，「水陸並進，船騎雙行，沿江而來，西連荊陝，東接蘄黃，寨柵聯絡三百餘里。」欲一舉與孫權共擒玄德，然後以戰勝之餘威再圖東吳。你看曹操在長江月明之夜，在大船上會諸將時，是何等的口氣！

　　……天色向晚，東山月上，皎皎如同白日。長江一帶，如橫素練，操坐大船之上，左右侍御者數百人，皆錦衣繡袍，荷戈執戟。文武眾官，各依次而坐。操見南屏山色如畫，

東視柴桑之境，西觀夏口之江，南望樊山，北覷烏林，四
顧空闊，心中歡喜，謂眾官曰：「吾自起義兵以來，與國家
除凶去害，誓願掃清四海，削平天下；所未得者江南也。
今吾有百萬雄師，更賴諸公用命，何患不成功耶？收服江
南之後，天下無事，與諸公共享富貴，以樂太平。」文武
皆起謝曰：「願得早奏凱歌。我等終身皆賴丞相福蔭。」操
大喜，命左右行酒。飲至半夜，操酒酣，遙指南岸曰：「周
瑜、魯肅，不識天時。今幸有投降之人（黃蓋），為彼心腹
之患，此天助吾也。」荀攸曰：「丞相勿言，恐有泄漏。」
操大笑曰：「座上諸公，與近侍左右，皆吾心腹之人也，言
之何礙？」又指夏口曰：「劉備、諸葛亮，汝不料螻蟻之
力，欲撼泰山，何其愚耶！」顧謂諸將曰：「吾今年五十四
歲矣。如得江南，竊有所喜。昔日喬公與吾至契，吾知其
二女皆有國色。後不料為孫策、周瑜所娶。吾今新構銅雀
臺於漳水之上，如得江南，當娶二喬，置之臺上，以娛暮
年，吾願足矣。」言罷大笑。……曹操正笑談間，忽聞鴉
聲望南飛鳴而去。操問曰：「此鴉緣何夜鳴？」左右答曰：
「鴉見月明，疑是天曉，故離樹而鳴也。」操又大笑。時
操已醉，乃取槊立於船頭上，以酒奠於江中，滿飲三爵，

橫槊謂諸將曰：「我持此槊破黃巾，擒呂布，滅袁術，收袁
紹，深入塞北，直抵遼東，縱橫天下，頗不負大丈夫之志
也。今對此景，甚有慷慨。吾當作歌，汝等和之。」……
「月明星稀，烏鵲南飛，遶樹三匝，無枝可依。山不厭高，
水不厭深。周公吐哺，天下歸心。」歌罷，眾和之，共皆
歡笑。

引百萬雄師，更有將士用命，取江南有何問題。取了江南，
天下無事，自當共享富貴。再則喬公二女皆有國色，娶二喬置
之銅雀臺上，以娛暮年，豈不妙哉？真是山不厭高，水不厭深。
何況周瑜有投降之人，鳳雛來獻連環妙計，豈不是周公吐哺，
天下歸心？

　　大小船隻配搭連鎖停當以後，曹操先來個檢閱。「各船拽起
風帆，衝波激浪，穩如平地。北軍在船上，踴躍施勇，刺槍使
刀，前後左右，各軍旗旛不雜。」曹操檢閱以後，大為滿意。

操升帳謂眾謀士曰：「若非天命助吾，安得鳳雛妙計？鐵索
連舟，果然渡江如履平地。」程昱曰：「船皆連鎖，固是平
穩；但彼若用火攻，難以迴避。不可不防。」操大笑曰：

「程仲德雖有遠慮，卻還有見不到處。」荀攸曰：「仲德之言甚是，丞相何故笑之？」操曰：「凡用火攻，必藉風力。方今隆冬之際，但有西風北風，安有東風南風耶？吾居於西北之上，彼兵皆在南岸。彼若用火，是燒自己之兵也，吾何懼哉？若是十月小春之時，吾早已提備矣。」諸將皆拜伏曰：「丞相高見，眾人不及。」

　　曹操想得周到，絕無恐懼，所以他要說「天命助吾」，他要歌唱「周公吐哺，天下歸心」。擒玄德，破孫權，只是翻手間事耳。

　　這可苦了周瑜。先前忍痛施苦肉計，毒打黃蓋，雖已教曹操對黃蓋之投降，信以為真。再由龐統獻連環計，教曹操大小船隻連鎖在一起，這些都為施行火攻而準備。但火攻須藉風力，是東南風而不是西北風。西北風冬天多的是，可是那來東南風呢？沒有東南風，不但苦肉計和連環計等於白施，且反而幫了曹操的忙——渡江如履平地。無怪周瑜在觀看韓當，周泰擊敗曹操二十幾隻小船組成的水軍之際，一陣風過，刮起旗角於周瑜臉上拂過，猛然想起萬事俱備，只欠東風，一急之下，口吐鮮血，往後便倒，不省人事。怎不教江東諸將相顧失色，「江北百萬之眾，虎踞鯨吞，不料都督如此。倘曹兵一至，如之奈何！」

孔明呢？孔明自隨魯肅來到東吳後，計激孫權，周瑜決心
與曹操火併於前，抱著鷸蚌相持，漁翁得利的心理。繼而見三
江口周瑜鏖戰大挫曹兵，假蔣幹來說施反間計殺了蔡瑁、張允
（曹操水軍由彼二人訓練，深得水軍之妙），用苦肉計毒打黃
蓋，再由闞澤獻詐降書，騙了曹操，最後又借蔣幹二次來東吳
（目的在探聽黃蓋投降是否真實），巧遇龐士元獻了連環計，深
覺周瑜用兵極合兵法，戰勝曹操希望極高，所以到了最後萬事
俱備，只欠東風，急得周瑜吐血昏倒的時候，就來周瑜帳裏醫
周瑜的病，一服清涼劑，教周瑜矍然而起。三日天夜東南風，
更使周瑜得伸平生之志，

……蓋乘一天順風，望赤壁進發。是時東風大作，波浪洶
湧。操在中軍遙望隔江，看看月上，照耀江水，如萬道金
蛇，翻波戲浪。操迎風大笑，自以為得志。忽一軍指說：
「江南隱隱一簇帆幔，使風而來。」操凭高望之，報稱：
「皆插青龍牙旗。內中有大旗，上書先鋒黃蓋名字。」操
笑曰：「公覆來降，此天助我也！」

這是曹操得意的最高峰，周瑜焦急的轉捩點，孔明開始坐

收漁翁之利。

　　來船漸近，程昱觀望良久，謂操曰：「來船必詐，且休教近寨。」操曰：「何以知之？」程昱曰：「糧在船中，船必隱重。今觀來船，輕而且浮；更兼今夜東南風甚緊，倘有詐謀，何以當之？」操省悟，便問：「誰去止之？」

　　曹操開始體味到事情不妙，由得意突轉疑慮。

　　文聘曰：「某在水上頗熟，願請一往」……聘立在船頭，大叫：「丞相鈞旨，南船且休近寨，就江心拋住。」眾軍齊喝：「快下了蓬！」

　　可是已經遲了。

　　言未絕，弓弦響處，文聘被箭射中左臂，倒在船中。船上大亂，各自奔回。南船距操寨，止隔二里水面。黃蓋用刀一招，前船一齊發火。火趁風威，風助火勢，船如箭發，煙焰障天。二十隻火船，撞入水寨。曹寨中船隻一時盡著，

又被鐵環鎖住，無處逃避。隔江砲響，四下火船齊到，但
見三江面上，火逐風飛，一派通紅，漫天徹地。曹操回觀
岸上營寨，幾處煙火。

　　曹操由憂慮而轉入知大難之臨頭。

黃蓋跳在小船上，背後數人駕舟，冒煙突火，來尋曹操。
操見勢急，方欲跳上岸，忽見張遼駕一小腳船，扶操下得
船時，那隻大船，已自著了。張遼與十數人保護曹操，飛
奔岸口。

　　大難已臨，非逃不可了。

黃蓋望見穿絳紅袍者下船，料是曹操，乃催船速進，手提
利刃，高聲大叫：「曹賊休走！黃蓋在此！」操叫苦連聲。
張遼拈弓搭箭，覷著黃蓋較近，一箭射去。此時風聲正大，
黃蓋在火光中，那裡聽得弓弦響，正中肩窩，翻身落水。

　　總算救了曹操。尋著馬匹走時，軍已大亂。曹操與張遼引

百餘騎，在火林內落荒而逃，看前面無一處不著。先奔烏林，背後呂蒙追來，前面有凌統，甘寧攔住，曹操肝膽頓裂。幸虧徐晃趕到，混戰一場，逃了過去，望彝陵走來，回望火光漸遠，方漸安心。路見一處樹木叢雜，山川險峻，曹操大笑不止。

諸將問曰：「丞相何故大笑？」操曰：「吾不笑別人，單笑周瑜無謀，諸葛亮少智。若是吾用兵之時，預先在這裡伏下一軍，如之奈何？」說猶未了，兩邊鼓聲震動，火光沖天而起，驚得曹操幾乎墜馬。刺斜裏一彪軍殺出，大叫：「我趙子龍奉軍師將令，在此等候多時了！」

後來於埋鍋造飯之際，曹操又復大笑，笑聲未完，張飛橫矛立場，攔住去路。最後是華容上，山窄路狹，曹操在馬上又復揚鞭大笑，笑聲引出關雲長，提青龍刀，跨赤兔馬，截住去路。

赤壁之戰想像圖

　　曹操在荒亂中狼狽逃生之際，見樹木叢雜，山窄路狹之處，大笑周瑜無謀，孔明少智，這是戰敗者於僥倖逃生之後，對戰勝者的懷恨，而以譏笑出之。

　　曹操直待逃了華容之難，入了南郡，完全逃出虎口，人馬得食，這纔想起當初引百萬雄師，虎踞荊州，原想一舉而擒玄德，再舉而圖江東，誰知如今中了東吳奸計，只落得僥倖僅以身免，思前想後，不覺大慟，哭自己的遭際，是曹操心裏真的悲哀，哭郭奉孝之早殤，則借此責罵眾謀士們的無能。

　　曹操始而馳檄江東，橫槊賦詩，繼而黃蓋來降，轉為疑慮，終而大難臨頭，落荒而逃，抱頭大哭。

　　孫權始而和戰不定，既決戰而又憂慮軍力不敵；周瑜費盡心力施行苦肉計，連環計，以便火攻，卻擔心隆冬之季不會有東南風，心急成疾。直待孔明借得東風，始轉憂為喜。赤壁三江縱火之際，可想見周瑜之雄姿英發。

　　孔明是最清楚自己的力量和當前的情勢。他只有一條生路，便是南北鏖戰，不論誰勝誰負，他都有好處可撿。所以他來東吳，第一步計激孫權周瑜與曹操拚戰，再看雙方佈置與謀略，決定站在那一邊。直待周瑜施苦肉計和連環計，欲火攻曹操，只欠東風之際，纔借得東風幫了大忙。等到赤壁火燒曹寨，曹

操遁逃，最後是襲取荊州，收漁人之利。

　　從這些人的心理狀態變化的經過，《演義》讀者可以更了解赤壁之戰是怎樣進展，怎樣結束的。光看兩方軍將拚殺，這僅只是故事的面皮。

　　周瑜在三江口縱火，是這個故事的最高潮。這個高潮不是突然來的，是無數波瀾，前湧後推，起伏相繼，奔騰澎湃激成的。《演義》作者對於這一連串波瀾之推移穿插，寫得非常緊湊，非常出色。

　　魯肅借弔喪來江夏向玄德孔明探聽曹軍虛實，這是第一個小波瀾。沒有這個小波瀾，後面的就無法推進。魯肅此來，僅想探聽虛實，和說玄德撫劉琦，共破曹操。想不到自己會帶孔明來到東吳，與孫權共議大事。

　　孔明來到東吳以後，一連串的小波瀾隨著推進。

　　先是孫權想教孔明一見江東英俊，自張昭以下，一共二十餘人，都主張降操以保江東六郡。今見孔明來到，想說孫權與曹操拚戰，大起反感，一個個唇槍舌劍，想要迫孔明知難而退。孔明抖擻精神，與每一個相難的江東謀士周旋，自當前情勢以至治學立言，孔明將這班江東英俊，說得俯首無言，局面頗為

尷尬，幸而黃蓋來到，纔請孔明將金玉良言與孫權言之。

　　孔明見孫權之前，魯肅曾再三囑託不可對孫權實言曹操兵多將廣。孔明既見孫權，暗思「此人相貌非常，只可激，不可說。等他問時，用言激之便了」。果然孫權問起曹兵多少，孔明便說約有一百餘萬，

　　「……以此計之，不下一百五十萬。亮以百萬言之，恐驚
　　江東之士也。」魯肅在旁，聞言失色，以目視孔明，孔明
　　只做不見。

　　孫權再問起曹操如今平了荊楚，尚有什麼企圖，如欲吞併東吳，戰與不戰，請代為一決。孔明直率的告訴孫權，

　　「即今沿江下寨，準備戰船，不欲圖江東，待取何地。」
　　……「若能以吳越之眾，與中國抗衡，不如早與之絕；若
　　其不能，何不從眾謀士之論，按兵束甲，北面而事之？」
　　……「將軍外託服從之名，內懷疑貳之見，事急而不斷，
　　禍至無日矣。」

孫權聽了很不順耳，反擊孔明，「誠如君言，劉豫州何不降
操？」孔明又再激他一次，「昔田橫，齊之壯士耳，猶守義不
辱，況劉豫州帝室之冑，英才蓋世，眾士仰慕？事之不濟，此
乃天也，又安能屈處人下乎？」

言外之意，像你孫權這樣踞有江東，兵精糧足，而尚在談
論戰與不戰，豈非被田橫所笑乎？這次真激怒了孫權，拂衣而
起，退入後堂。告訴魯肅「孔明欺吾太甚」。幸而魯肅說明孔明
有破曹良策，不肯輕言，不妨求之。於是孫權重新出來請教，

「……曹操之眾，遠來疲憊；近追豫州，輕騎一日夜行三
百里。此所謂強弩之末，勢不能穿魯縞者也。且北方之人，
不習水戰。荊州士民，附操者迫於勢耳，非本心也。今將
軍誠能與豫州協力同心，破曹軍必矣。……」

孫權聽了恍然大悟，決意起兵共滅曹操。可是心裏尚懼曹
操兵多。

真正決策的人固是孫權，但影響孫權決策的人，不是魯肅，
亦不是一般謀士，而是周瑜。周瑜是否像魯肅那樣極力主戰，
孔明尚不知道，但聽周瑜與魯肅的談話，

……瑜曰：「曹操以天子為名，其師不可拒。且其勢大，未可輕敵。戰則必敗，降則易安。吾意已決，來日見主公，便當遣使納降。」

好像主降，須用言激之。

孔明曰：「愚有一計，並不勞牽羊擔酒，納土獻印。亦不須親自渡江。只須遣一介之使，扁舟送兩個人到江上。操若得此兩人，百萬之眾，皆卸甲捲旗而退矣……江東去此兩人，如大木飄一葉，太倉減一粟耳。而操得之，必大喜而去。」……「亮居隆中時，即聞操於漳河，新造一臺，名曰銅雀，極其壯麗，廣選天下美女以實其中。操本好色之徒，久聞江東喬公有二女，長曰大喬，次曰小喬，有沈魚落雁之容，閉月羞花之貌。操曾發誓曰：吾一願掃平四海，以成帝業；一願得江東二喬，置之銅雀臺，以樂晚年，雖死無恨矣。今雖引百萬之眾，虎視江南，其實為此二女也。將軍何不去尋喬公，以千金買此二女，差人送與曹操。操得二女，稱心滿意，必班師矣。此范蠡獻西施之計，何不速為之？」

孔明繼又背誦〈銅雀臺賦〉「……攬二喬於東南兮，樂朝夕之與共……」。氣得周瑜勃然大怒，「離座指北而罵曰：『老賊欺吾太甚！』」

孔明只佯為不知，更以言激之，

「昔單于屢侵疆界，漢天子許以公主和親，今何惜民間二女乎？」

原來大喬是孫策之妻，小喬是周瑜之妻，這如何使得。迫得周瑜發誓與曹操勢不兩立，並且吐露心曲，

「吾承伯符寄託，安有屈身降操之理？……吾自離鄱陽湖，便有北伐之心。雖刀斧加頭，不易其志也。望孔明助一臂之力，同破曹操。」

次日見了孫權，周瑜解釋曹操此來，多犯兵家之忌，要擒曹操正是時機，孫權先後聽了孔明和周瑜的解釋，終於拔劍砍去奏案一角，「諸官將有再言降操者，與此案同」，表示作戰決心。

故事至此，已進展到山雨欲來風滿樓的時際。《演義》作者

在此更施展他的手法，將山雨欲來前的風暴場面，寫得緊張非凡，猶似一個波瀾逐著一個波瀾，一個高過一個，奔騰澎湃，朝著最高潮的目標翻湧過來。

　　周瑜決心破曹操以後，先斬曹操來使以示威，繼又率水軍挫操兵於江上，再單騎窺探曹軍水寨於岸邊（曹操水軍由蔡瑁，張允訓練，頗得水軍之妙），弄得曹操焦急不堪，忙問眾謀士有何妙計可以破敵。一問之下，卻想不到引出一個糊塗說客蔣幹來。以後一連串的波瀾，都從這個波瀾裏衍生翻滾出來。

　　蔣幹想以自幼與周瑜同窗之誼，隨帶一僮二僕，要來說周瑜降曹操，雄心不可謂不大。見了周瑜，說詞尚未出口，已被周瑜封住了嘴。周瑜趁此大開群英會，教蔣幹見識見識江左英傑。在群英會上，周瑜揮灑自如，假醉表示不投降的決心，並欲與蔣幹抵足而眠。

　　……攜幹入帳共寢。瑜和衣臥倒，嘔吐狼藉。蔣幹如何睡得著，伏枕聽時，軍中鼓打二更，起視殘燈尚明。看周瑜時，鼻息如雷。幹見帳內桌上，堆著一卷文書，乃起牀偷視之，卻都是往來書信。內有一封，上書「蔡瑁、張允謹封」。幹大驚，暗讀之。書略曰：「某等降曹，非圖仕祿，迫於勢耳。

今已賺北軍困於寨中，但得其便，即將操賊之首，獻於麾下。早晚人到，便有關報。幸勿見疑，先此敬覆。」幹思曰：「原來蔡瑁、張允，結連東吳！……」遂將書暗藏於衣內。再欲檢看他書時，牀上周瑜翻身，幹急滅燈就寢。瑜口內含糊曰：「子翼，我數日之內，教你看曹賊之首！」幹勉強應之。瑜又曰：「子翼且住！……教你看曹賊之首！……」及幹問之，瑜又睡著。幹伏於牀上，將及四更，只聽得有人入帳，喚曰：「都督醒否？」周瑜夢中做忽覺之狀，故問那人曰：「牀上睡著何人？」答曰：「都督請子翼同寢，何故忘卻？」瑜懊悔曰：「吾平日未嘗飲醉。昨日醉後失事，不知可曾說甚言語？」那人曰：「江北有人到此。」瑜喝「低聲！」便喚「子翼」。蔣幹只裝睡著。瑜潛出帳，幹竊聽之。只聞有人在外曰：「張、蔡二都督道：急切不得下手」，後面言語頗低，聽不真實。少頃，瑜入帳，又喚「子翼」。蔣幹只是不應，蒙頭假睡。瑜亦解衣就寢。幹尋思：「周瑜是個精細人，天明尋書不見，必然害我。……」睡至五更，幹起喚周瑜，瑜卻睡著。幹戴上巾幘，潛步出帳，喚了小童，逕出轅門。軍士問：「先生那裡去？」幹曰：「吾在此恐誤都督事，權且告別。」軍士亦不阻當。

　　就這樣，蔣幹帶回了假冒的蔡瑁、張允的信，曹操一時失察，斬了這兩人。消息報來，周瑜大喜，孔明亦向之賀喜。周瑜深忌孔明洞燭其計謀，識見高他一等，日後將為江東之患，欲借故殺之：三日內要孔明繳納十萬支箭，而又故意將匠人和材料等不與齊備。卻不料孔明預知第三日將有大霧，向魯肅借得二十條船隻，蓬頂各束草千餘個，駛向曹操水寨，二十條船一齊擺開，擂鼓吶喊，曹操怕重霧有伏，不敢出動，教水軍弓弩手亂箭射來，箭都射在草束上，一霎時曹操送了十萬以上枝箭，滿載而歸，了掉這宗風流罪案。曹操平白地折了十幾萬支箭，心中氣悶，一時又急難破敵，想起蔡瑁之死，乃叫其弟蔡中，蔡和去東吳詐降，為奸細內應，以通消息。曹操施詐降計，周瑜將計就計，毒打黃蓋，施行苦肉計，卻由蔡中，蔡和傳遞消息，又叫闞澤獻黃蓋的降書。曹操半信半疑，再教蔣幹來東吳探聽消息，卻被周瑜送至西山小庵歇息，巧遇龐統在西山讀書，隨蔣幹來到江北，獻上連環計。到此萬事俱備，只欠東風。《演義》行文，好似一個波瀾緊催著一個波瀾，向高潮前進。快要到頂巔時，卻又懸宕了一下。周瑜在江邊觀周泰，韓當對曹操水軍小接觸戰之時，因風括起旗角拂面而過，想起隆冬盛寒之際，那來東南風，一時心急，口吐鮮血，昏倒在地。這纔

進展到高潮前的最後一個次高潮，便是孔明設壇作法祭風。祭得東風，便脫身回到江夏，雖有徐盛丁奉來追，追上江面，卻被趙雲一支箭射中桅桿，倒了蓬帆，無法追上。這邊東南風起，黃蓋引二十隻火船，望赤壁進發，將近操寨，前船一齊發火。風火相濟，燒得三江面上一派通紅，漫天徹地。曹軍大小船隻被鐵環鎖住，無處逃避，燒得一乾二淨。曹操只好落荒而逃。故事至此已到達了最高潮。《演義》讀者自孫權砍掉案角，決心破曹以後，心情隨行文之緊張而亦趨緊張，一頁又一頁，渴思戰事如何結果，直待三江口周瑜縱火，曹操遁逃，纔思掩卷稍歇。這種效果，全靠《演義》作者對故事結構的安排，所以吾說《三國演義》作者寫赤壁之戰，是非常成功而出色的。

高潮過了以後，接著是高潮所導致的餘波。這些餘波正好反照高潮到來前的幾個小波瀾——周瑜幾次想除掉孔明。

周瑜在赤壁大敗曹操以後，次一著棋便是取南郡。周瑜想取南郡，玄德也想取南郡。可是南郡由曹仁把守，曹操臨走又密留妙計，取南郡頗不容易。周瑜由孫乾口中（玄德遣孫乾來賀周瑜）知道玄德屯兵在油江口，有取南郡之意，便借回謝為由，領兵前來油江口，欲與玄德談判，談判不成時，便先結束了玄德。談判結果是先讓周瑜去取，若取不下，再由玄德取去。

表面上好像是周瑜佔了便宜。

　　周瑜當仁不讓，率兵來取南郡，曹仁用假棄城誘敵之計（曹操所留密計），將爭先入城的吳軍連同周瑜以伏弩趕入陷坑內，周瑜還中毒箭，吳兵大敗，周瑜死裏逃生。一連數日不敢出戰，直至箭瘡稍痊，周瑜上馬出戰，

　　……望見曹軍已布成陣勢，曹仁自立馬於門旗下，揚鞭大罵曰：「周瑜孺子，料必橫夭，再不敢正覷我兵！」罵猶未絕，瑜從群騎內突然出曰：「曹仁匹夫！見周郎否！」曹兵看見，盡皆驚駭。曹仁回顧眾將曰：「可大罵之！」眾軍厲聲大罵。周瑜大怒，……周瑜忽大叫一聲，口中噴血，墜於馬下。……瑜密謂普曰：「此吾之計也。」……「欲令曹兵知我病危，必然欺敵。可使心腹軍士去城中詐降，說吾已死。今夜曹仁必來劫寨。吾卻於四下埋伏以應之，則曹仁可一鼓而擒也。」……隨就帳下舉起哀聲。眾軍大驚，盡傳言都督箭瘡大發而死，各寨盡皆挂孝。

　　曹仁當夜果來劫寨，遇東吳伏兵狙擊，大敗而逃，不敢回南郡，逕投襄陽大路而行。周瑜追了一程，收軍回程徑到南郡

城下，待欲入城，卻

> 見旌旗布滿，敵樓上一將叫曰：「都督少罪。吾奉軍師將
> 令，已取城了。吾乃常山趙子龍也。」

　　南郡既被玄德先取了，不妨先去取荊州、襄陽，然後卻再
取南郡未遲，萬料不到荊州和襄陽均被孔明詐用兵符或詐稱曹
仁求救，誘出曹軍，都襲取了。這一氣非同小可，周瑜箭瘡迸
裂，大叫一聲，昏倒在地，半晌方甦。

　　周瑜急欲報仇，奪還南郡，魯肅以為不可，

> 「方今與曹操相持，尚未分成敗；主公現攻合淝不下，如
> 若自家互相吞併，倘曹兵乘虛而來，其勢危矣。況劉玄德
> 舊曾與曹操相厚，若逼得緊急，獻了城池，一同攻打東吳，
> 如之奈何？」

　　周瑜不得已乃遣魯肅來荊州，要與孔明說理。卻被孔明一
番話，

孔明曰：「常言道：物必歸主，荊、襄九郡，非東吳之地，乃劉景升之基業。吾主固景升之弟也。景升雖亡，其子尚在。以叔輔姪，而取荊州，有何不可？」

魯肅想劉表之子劉琦，現在江夏，如何以叔輔姪？想不到孔明馬上請出劉琦來，教魯肅啞口無言，要想說理誰想說不過孔明，只好費然而返。

荊州既暫時要不回來，只好暫時耐心等候，幸而劉琦酒色過度，不久身亡。魯肅又來討荊州。孔明用正言教訓了魯肅一頓，

孔明變色曰：「……汝主乃錢塘小吏之子，素無功德於朝廷；今倚勢力，占據六郡八十一州，尚自貪心不足，而欲吞漢土。劉氏天下，我主姓劉倒無分，汝主姓孫反要強爭。且赤壁之戰，……若非我借東南風，周郎安能展半籌之功？江南一破，休說二喬置於銅雀宮，雖公等家小，亦不能保。……」

說得魯肅緘口無言，不得已推說事干他自己，應該替他想想。說好說歹，由玄德立紙文書，暫借荊州為本，由孔明和魯

肅做保。荊州始終要不回去。

時隔不久，玄德歿了甘夫人。周瑜就想出美人計，以孫權之妹為餌，「教人去荊州為媒，說玄德來入贅。賺到南徐，妻子不能勾得，幽囚在獄中，卻使人去討荊州換劉備。」孔明針對美人計另有一翻安排。結果吳國太看中了劉玄德，假婚姻變成真婚姻，夫妻同心，逃出東吳，待到率兵來追，又被孔明伏兵擊退，周瑜急急引軍逃回船上，只聽得岸上玄德軍士齊聲大叫「周郎妙計安天下，賠了夫人又折兵」。周瑜一氣之下，大叫一聲，金瘡迸裂，倒於船上。

過了不久，曹操表奏周瑜為南郡太守，程普為江夏太守，欲使孫劉火併。周瑜趁此想要回荊州，先由魯肅去催玄德去取西川（借荊州的條件，取得西川，即還荊州），玄德掩面痛哭，孔明說明玄德痛哭理由（取西川恐被外人唾罵；不取時，還了荊州，無處安身），請魯肅懇告孫權，再容幾時。魯肅將此情回報周瑜，周瑜又想到用假途滅虢之計，明告訴玄德要替他代取西川，玄德必出來勞軍，暗裏卻於他勞軍之際，結束了他，奪取荊州。要魯肅來通知玄德，

魯肅入見，禮畢，曰：「吳侯甚是稱讚皇叔盛德，遂與諸將

商議，起兵替皇叔收川。取了西川，卻換荊州，以西川權當嫁資。但軍馬經過，卻望應些錢糧。」孔明聽了，忙點頭曰：「難得吳侯好心！」玄德拱手稱謝曰：「此皆子敬善言之力。」孔明曰：「如雄師到日，即當遠接犒勞。」魯肅暗喜。

魯肅回報周瑜，周瑜大笑：「原來今日也中了吾計！」即遣水陸大軍五萬望荊州而來，一路除麋竺來問候外，直離荊州十餘里，並無一人遠接，江面上靜蕩蕩的，

哨探的回報：「荊州城上，插兩面白旗，並不見一人之影。」瑜心疑，教把船傍岸，親自上岸，……逕望荊州而來。既至城下，並不見動靜。瑜勒住馬，令軍士叫門。城上問是誰人。吳軍答曰：「是東吳周都督親自在此。」言未畢，忽一聲梆子響，城上軍一齊都豎起槍刀。敵樓上趙雲出曰：「都督此行，端的為何？」瑜曰：「吾替汝主取西川，汝豈猶未知耶？」雲曰：「孔明軍師已知都督假途滅虢之計，故留趙雲在此。吾主公有言：『孤與劉璋，皆漢室宗親，安忍背義而取西川？若汝東吳端的取蜀，吾當披髮入

山，不失信於天下也。』」周瑜聞之，勒馬便回。只見一人
打著令字旗，於馬前報說：「探得四路軍馬，一齊殺到……
四路正不知多少軍馬。喊聲遠近震動百餘里，皆言要捉周
瑜。」瑜馬上大叫一聲，箭瘡復裂，墜於馬下。

周瑜一怒之下，真要去取西川，行至巴丘，早有守軍截住
水路，周瑜愈怒，卻於此時孔明遣人送書至，告訴周瑜西川不
可輕取，何況曹操未忘報赤壁之仇，倘曹兵乘虛而至，江南危
急，因不忍坐視，故來相告。周瑜看罷，長歎一聲，取筆作遺
書致孫權，並告諸將渠天命已絕，望善事吳侯共成大業。

言訖，昏絕。徐徐又醒，仰天長歎曰：「既生瑜，何生
亮？」連叫數聲而亡。壽三十又六歲。

周瑜去世以後，孔明親到柴桑來弔喪，痛哭流涕，傷心非
常。周瑜手下眾將以及魯肅均覺得「孔明自是多情，乃公瑾量
窄，自取死耳」。赤壁之戰的餘波，直到此退盡。

立體的歷史——從圖像看古代中國與域外文化（修訂二版）

邢義田／著

　　前人為我們留下的歷史材料浩如煙海，除了平面的文字資料外，更有琳瑯滿目、豐富多樣的圖畫資料，如果用兩隻眼睛同時考察歷史留下的文獻與圖畫，我們就能跳脫平面的歷史，進入「立體的歷史」。

　　所謂立體的歷史，是三度空間整體的歷史畫面，由(1)文字和非文字的材料、經(2)歷史研究和寫作者的手，傳遞給(3)讀者，三者互動而後產生。希望讀者們閱讀本書時，能夠看到一些不同於過去、富於縱深的歷史畫面，盡情遨遊於「立體的歷史」中。

透視康熙

陳捷先／著

　　愛新覺羅・玄燁是順治皇帝的第三個兒子，他既非皇后所生，亦非血統純正的滿族人，卻因出過天花而得以繼位，成為著名的康熙皇帝。他對內整飭吏治、減輕賦稅、督察河工，年未及三十便平定三藩，為大清帝國立下根基。長久以來，康熙皇帝在各式影劇、小說的詮釋下，傳奇故事不絕於耳，然其內容或與史實有些許出入。本書係以歷史研究為底本，暢談康熙皇帝的外貌、飲食、嗜好、治術和人格特質，不僅通俗可讀，其所揀選分析之史料也值得細細品味。

古代中國文化講義(二版)

葛兆光／著

揹一張地圖去古代中國旅行吧
那兒有著傳統文化醇厚深沉的氣韻
讓我們做一名歷史的背包客
在旅途中重新認識中國文化的翩翩風姿

這是一本關於古代中國文化的入門書。本書關注
古代中國民眾的知識、行為和信仰，並討論深刻
反映古代中國思維的風水知識。由於古代中國的
歷史與傳統延續性相當強，因此，我們也希望讀
者透過古代中國文化傳統在現代中國的延續，理
解當下中國的文化世界。